Les expériences des DÉBROUILLARDS

Par le professeur Scientifix
et ses adjoints Sarah Perreault,
Yannick Bergeron et Marc Gingras
Illustrations : Jacques Goldstyn

40 expériences excitantes

Bayard
JEUNESSE
CANADA

Conception et réalisation des expériences : Yannick Bergeron, Marc Gingras, Sarah Perreault, Johanne David et le professeur Scientifix.

Révision des textes : Hélène Veilleux

Révision scientifique : Raynald Pepin

Illustrations : Jacques Goldstyn

Photos : Laurence Labat, Marcel La Haye

Direction artistique et montage : Quand le chat est parti… inc.

Recherche, édition des textes et coordination : Sarah Perreault

Direction : Félix Maltais, éditeur des Débrouillards, pour le Conseil de développement du loisir scientifique (CDLS).

Photo de la page couverture : Laurence Labat

Débrouillard de la page couverture : Olivier Meloche

Remerciements
Le CDLS et les éditeurs remercient le Ministère du Développement économique et régional du Québec pour son aide financière, via le programme Étalez votre science.

Note
La majorité des expériences de ce livre ont paru dans le magazine Les Débrouillards entre 1996 et 2002. Pour découvrir d'autres expériences des Débrouillards, consultez le magazine **Les Débrouillards** ou le cédérom **Scientifix.** Renseignements : www.lesdebrouillards.qc.ca. Téléphone : (514) 875-4444 ou 1 (800) 667-4444.

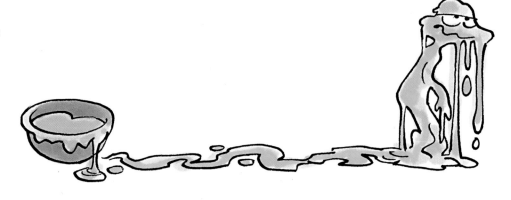

Labo du
Prof Scientifix

Chère Débrouillarde,
Cher Débrouillard,

Mes adjoints et moi sommes très heureux de te présenter ce livre, qui contient 40 de nos expériences préférées. Tu en as peut-être déjà vu certaines dans le magazine ou la série télévisée Les Débrouillards. D'autres sont nouvelles.

En faisant ces expériences, tu vas avoir beaucoup de plaisir et tu vas acquérir de nouvelles connaissances. Un Débrouillard, ça veut tout savoir ! Je suis certain aussi que tu vas être très fier de montrer les résultats de tes expériences à tes parents, tes amis et tes camarades de classe. Tu vas les étonner plus d'une fois !

Avant de commencer une expérience, sois certain que tu as tout le matériel requis. Puis, procède en suivant les étapes numérotées. Les autres textes sont complémentaires : tu peux les lire plus tard.

Certaines expériences sont plus difficiles que d'autres. Ça ne marchera pas toujours du premier coup ! Si tu as des problèmes, recommence. Relis les textes attentivement. As-tu oublié quelque chose ? As-tu bien mesuré tous les ingrédients ? N'hésite pas à demander de l'aide. Rappelle-toi que la science avance à coups d'essais et d'erreurs !

Suis attentivement les conseils de prudence. Et puis, comme tout bon scientifique, range tes affaires après tes expériences !

J'aimerais beaucoup avoir tes commentaires. Va sur le site www.lesdebrouillards.qc.ca, il y a une section pour les amateurs d'expériences.

Bonnes expériences !

Professeur Scientifix

4475, rue Frontenac
Montréal (Québec)
H2H 2S2
scientifix@lesdebrouillards.qc.ca

TABLE DES MATIÈRES

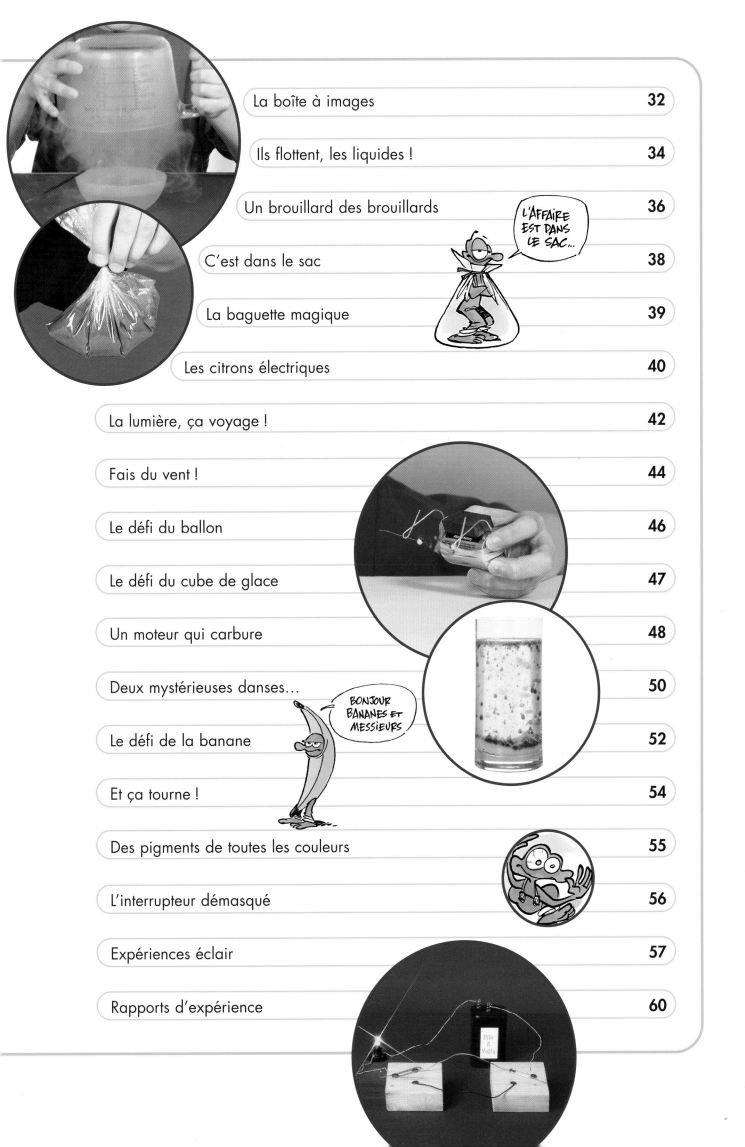

La Terre est-elle ronde ?

Expérience très facile.
Réalisable en 20 minutes.

Non ! Notre planète est aplatie aux pôles et renflée à l'équateur. Pourquoi ?
Pour trouver la réponse, fais cette expérience.

1 Coupe deux bandes de 3 cm de largeur sur environ 50 cm de longueur dans le papier de construction (ou le carton souple). Si ton papier n'est pas assez grand, coupe quatre bandes de 3 cm x 25 cm et colle-les deux par deux. Assure-toi d'obtenir deux bandes de même longueur.

2

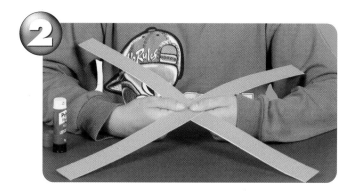

Place les deux bandes en croix et colle-les ensemble, au centre.

3

Forme une sphère en réunissant d'abord deux extrémités. Colle-les ensemble avec du ruban adhésif ou de la colle. Fixes-y ensuite une troisième puis une quatrième extrémité.

4

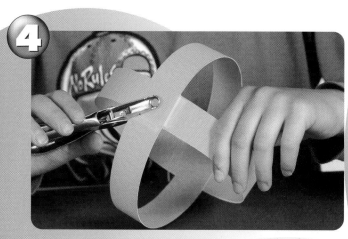

À la jonction des quatre extrémités, perce un trou au centre avec le poinçon. Insère le crayon dans le trou.

IL TE FAUT :

- du papier de construction (ou un carton souple)
- un crayon à mine
- des ciseaux
- une règle
- du ruban adhésif
- de la colle en bâton
- un poinçon

Débrouillard : Nicolas Muraton
Photos : Laurence Labat

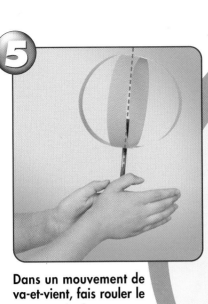

Dans un mouvement de va-et-vient, fais rouler le crayon entre tes paumes. D'abord lentement, puis rapidement. Que constates-tu ?

> HÉ ! LA SPHÈRE S'APLATIT.

Que se passe-t-il ?

La sphère se déforme pour la même raison que, lorsque tu prends un virage serré en voiture, tu te sens projeté sur le côté. Pourquoi cela se produit-il ? Parce que la voiture tourne mais ton corps tend à continuer en ligne droite. C'est le cas pour tout objet en mouvement, y compris pour une sphère en rotation.

Lorsque la sphère tourne, les bandes de papier tendent à s'écarter de l'axe de rotation (la ligne pointillée en 5), comme si une force les tirait vers l'extérieur. Cette tendance est maximale à l'équateur de la sphère mais nulle pour les portions qui se trouvent sur l'axe. Conséquence : la sphère se déforme et il se crée un renflement. La Terre subit cette même tendance. D'où sa forme renflée à l'équateur.

La planète Saturne est loin d'être une sphère parfaite ! Pour s'en rendre compte, il suffit d'y superposer un cercle.

DES PLANÈTES APLATIES

Il y a 0,3 % de différence, soit 43 km, entre le diamètre passant par les deux pôles de la Terre (12 713 km) et celui de l'équateur (12 756 km). Cette forme renflée à l'équateur est due à la rotation de la Terre sur elle-même.

D'autres planètes sont encore plus aplaties. Cela est dû à leur composition, leur masse et leur période de rotation. Au premier rang : Saturne, dont la différence entre son plus grand et son plus petit diamètre est de 10 %. Sa période de rotation est de 10 heures 40 minutes. Dans le cas de Jupiter, cette différence est de 6 %. Sa période de rotation est de 9 heures 50 minutes, mais sa masse est 3,5 fois plus élevée que celle de Saturne.

Vénus, pour sa part, est une sphère presque parfaite. Cette planète serait entièrement solidifiée et sa période de rotation est très faible (243 jours). Et le Soleil ? C'est aussi une boule bien ronde qui effectue un tour complet sur elle-même en 35 jours en moyenne.

NEWTON L'AVAIT DIT !

Le physicien Isaac Newton (1642-1727) fut le premier à avancer que la Terre n'est pas une sphère parfaite. Il émit cette hypothèse pour expliquer un curieux phénomène : les pendules des horloges battent plus lentement à l'équateur. Cela laisse supposer que la gravité terrestre y est un peu moins forte qu'ailleurs sur le globe. Pourquoi ?

Selon Newton, une partie de la réponse se trouve dans la forme de notre planète : elle doit être aplatie aux pôles et renflée à l'équateur. Conséquence : la gravité terrestre est moins forte à l'équateur, car celui-ci est plus éloigné du centre de la Terre que les pôles. De difficiles et coûteuses mesures effectuées plus tard confirmèrent cette hypothèse.

Histoire des Sciences

Ici Radio-Canne !

 Expérience de difficulté moyenne. Nécessite un peu de patience et de minutie.

Fabriquer un haut-parleur, c'est facile !
Il suffit de transformer un courant électrique en sons...

1 Fabrique d'abord un électroaimant (voir les instructions plus loin). Branche-le à la fiche pour écouteur. Pour ce faire, dévisse la partie métallique de la fiche.

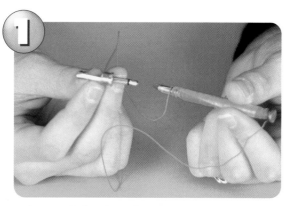

2 Dépose l'aimant sur le fond de la boîte de conserve, à l'extérieur. Insère la fiche dans la prise pour écouteur de ton baladeur.

 Ne branche pas ton montage sur une chaîne stéréo. Tu pourrais l'endommager.

3 Mets le baladeur en marche et élève le niveau sonore au maximum. Insère lentement la tête de l'électroaimant dans le trou de l'aimant, sans toucher à la boîte de conserve.

IL TE FAUT :

- un baladeur
- une pile de 1,5 volt
- un trombone à papier
- un clou de 7,5 cm
- du fil pour enroulement*
- du ruban adhésif
- un aimant rond avec un trou au centre*
- une boîte de conserve vide
- une fiche pour écouteur (1/8 de pouce)*

* vendu dans les magasins de fournitures électriques.

POUR FABRIQUER L'ÉLECTROAIMANT

Noue le fil à la pointe du clou. Laisse une bonne longueur de fil (environ 30 cm) pour le branchement de la bobine.

Enroule le fil en rangs serrés jusqu'à la tête du clou (tu devrais réaliser une centaine de spires).

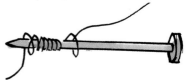

Applique une couche de ruban adhésif sur le rang de fil puis enroule un second rang. Tourne dans la même direction que pour le premier rang. Une fois à la pointe, remets du ruban adhésif puis enroule un dernier rang de fil.

Le troisième rang terminé, noue le fil et coupe-le en laissant une longueur de 30 cm.

Pour t'assurer que ta bobine est bien réalisée, branche-la aux pôles de la pile électrique. Tel un aimant, elle devrait attirer le trombone à papier. Pourquoi ? Le courant électrique circule dans la bobine et la magnétise. Conséquence : la bobine se transforme en électroaimant.

Débrouillarde : Véronique T. Pion
Photos : Marcel La Haye

Que se passe-t-il ?

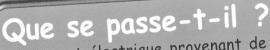

Le courant électrique provenant de ton baladeur varie en fonction des sons diffusés par la station de radio (1). Ce courant électrique variable produit une force magnétique entre l'électroaimant et l'aimant circulaire; cette force varie au même rythme que le courant. La force variable fait vibrer l'aimant collé à la boîte de conserve (2). La boîte vibre à son tour... et cela produit un son (une onde sonore) (3).

Approche ton oreille de l'ouverture de la boîte de conserve.

Et voilà ! Ta boîte de conserve est devenue un haut-parleur !

LE SECRET DU HAUT-PARLEUR

Un haut-parleur comprend un électroaimant entouré d'un aimant. L'électroaimant est formé d'une bobine (un fil métallique enroulé) dans laquelle circule un courant électrique. Ce courant varie selon les sons et cela crée une force magnétique variable.

Dans un haut-parleur, la bobine est mobile de sorte qu'elle vibre suivant les variations de la force magnétique. Les vibrations de la bobine sont transmises à une membrane qui, en vibrant à son tour, produit des sons.

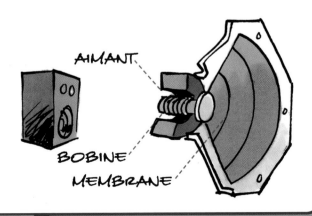

AIMANT
BOBINE
MEMBRANE

L'ÉLECTROAIMANT

L'électroaimant a été inventé par le physicien français André-Marie Ampère (1775-1836). C'est un dispositif fort utile ! On en retrouve dans plusieurs appareils comme les haut-parleurs, les microphones, les sonnettes électriques, les magnétoscopes, les lecteurs de disquette, les téléviseurs et les magnétoscopes.

Les bulles perdent la boule

Les bulles de savon sont-elles toujours rondes ? Non !
Voici comment fabriquer des bulles en forme de cube.
Carrément étonnant !

1

Verse l'eau, le savon à vaisselle et la glycérine (ou le sirop de maïs) dans le contenant en plastique. Brasse doucement sans faire de bulles.

2

Coupe 12 morceaux de paille de 6 cm de longueur chacun. Glisse 4 morceaux de paille autour d'un cure-pipe. Plie le cure-pipe en forme de carré et noue les extrémités. Assemble un second carré identique.

3

Coupe 8 morceaux de cure-pipe de 10 cm chacun. Insère un cure-pipe dans chacune des huit pailles qui forment les carrés. Plie vers le haut les extrémités qui dépassent.

4

Place les deux carrés face à face. Relie les cure-pipes qui se font face en y insérant une paille, de façon à former un cube.

IL TE FAUT :

- 10 pailles de faible diamètre
- 7 cure-pipes (tiges de chenille) de 30 cm
- un contenant en plastique
- 600 ml d'eau du robinet
- 200 ml de détergent à vaisselle incolore (Ultra Joy^{mc} donne les meilleurs résultats)
- 50 ml de glycérine (disponible en pharmacie) ou de sirop de maïs.
- des ciseaux
- une tasse à mesurer
- une règle
- une cuillère

5

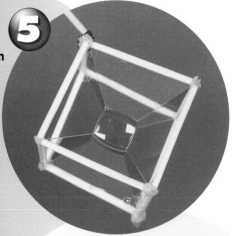

Attache un long cure-pipe à un coin du cube ; glisse une paille autour. Plonge ton cube dans le liquide, puis retire-le doucement. Surprise ! Effleure la surface du liquide à bulles avec la base du cube. Une seconde bulle apparaît-elle au centre de la première ?

Débrouillard : Philippe Côté-Boucher
Photos : Laurence Labat

Que se passe-t-il ?

Une bulle de savon, c'est une sphère remplie d'air. Dans notre expérience, l'adhésion du liquide aux pailles force la pellicule savonneuse à prendre une autre forme que la sphère. Cette forme, qui varie selon le montage, comporte plusieurs membranes raccordées entre elles. Pourquoi ?

Parce que la pellicule savonneuse adopte toujours la plus petite surface possible (celle qui nécessite le moins d'énergie). C'est une loi physique. De toutes les formes, quelle est celle ayant la plus petite surface possible pour un volume donné ? La sphère ! D'où la forme habituellement ronde des bulles !

POURSUIS L'EXPÉRIENCE

Avec des pailles et des cure-pipes, confectionne d'autres formes amusantes, telle une pyramide. Sur chacune, compte le nombre de branches que comporte chaque sommet de chaque membrane. Notes-tu une constante ?

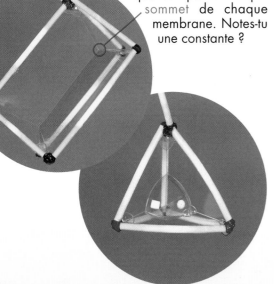

DES BULLES MULTICOLORES

Remarque les couleurs sur une bulle. Elles dépendent de l'épaisseur de la paroi. Celle-ci mesure environ un micron, soit un millième de millimètre. C'est 100 fois plus mince qu'une feuille de ce livre ! La pellicule savonneuse n'a pas partout la même épaisseur. Cela explique en partie pourquoi des couleurs différentes sont visibles (c'est aussi dû à la lumière qui est réfléchie sous différents angles par une surface arrondie).

LA SCIENCE DES BULLES

Les bulles de savon font l'objet de recherches scientifiques depuis très longtemps. Déjà, au 3e siècle av. J.-C., le savant grec Archimède avait étudié leur forme sphérique. En 1882, le mathématicien allemand Amandus Schwartz démontre qu'il s'agit de la plus petite surface possible pour un volume donné.

Au 19e siècle, le scientifique belge Joseph Plateau (1801-1883) réalise des expériences sur les bulles et les pellicules de savon. L'une d'elles consiste, comme ici, à plonger des structures polyédriques dans une solution savonneuse. Ces expériences l'amènent à formuler des lois physiques connues aujourd'hui sous le nom de « lois de Plateau ». Les mathématiciens s'intéressent beaucoup aux découvertes de Plateau.

Une bulle
dans une bulle

Expérience de difficulté moyenne. Demande un peu de doigté. Préparation du liquide à bulles 24 heures à l'avance.

Souffler une bulle dans une bulle te semble impossible ?

IL TE FAUT :

- un mètre et demi de broche souple
- une paille à boire
- de la glycérine (disponible en pharmacie)
- du détergent à vaisselle (liquide clair de préférence)
- une tige de bois d'environ 30 cm
- un bloc de styromousse
- de la ficelle
- un crayon
- un contenant à fond plat d'environ 20 cm de diamètre

1

Prépare d'abord ton liquide à super bulles (voir recette) puis réalise le montage suivant. Avec la broche souple, fais un cerceau d'environ 6 cm de diamètre. Fixe ce cerceau à une tige de bois piquée dans un bloc de styromousse.

2

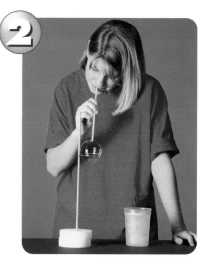

Mouille le cerceau avec un peu de solution savonneuse. Puis, trempe la paille dans la solution et souffle une bulle. Dépose-la délicatement sur le cerceau.

RECETTE DU LIQUIDE À SUPER BULLES

- 250 ml d'eau du robinet
- 100 ml de détergent à vaisselle incolore (Ultra Joy[mc] donne les meilleurs résultats)
- 25 ml de glycérine (disponible en pharmacie)

Mélange les trois ingrédients et laisse reposer le tout pendant 24 heures.

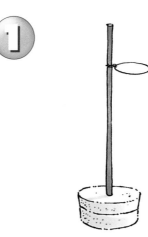

3

Que se passe-t-il ?

Lorsque tu transperces la bulle avec la paille, celle-ci n'éclate pas. Pourquoi ? Parce que, dès que la paille est en contact avec la pellicule d'eau savonneuse, l'eau adhère à la paille.

Trempe ta paille dans la solution savonneuse et introduis-la doucement à l'intérieur de la bulle. Souffle une bulle. Celle-ci éclatera dès qu'elle touchera à la bulle extérieure.

LA MORT D'UNE BULLE

Une pellicule savonneuse est formée d'une couche d'eau coincée entre deux couches de savon, un peu comme un sandwich. Chaque molécule de savon ou d'eau attire ses voisines. C'est ce qui permet à la pellicule savonneuse de se tenir.

Pourquoi une bulle finit-elle par éclater ? Parce que l'eau, sous l'effet de la gravité, s'écoule vers le bas : la paroi devient de plus en plus mince, jusqu'à l'éclatement. Juste avant d'éclater, quelle couleur prend la bulle ?

Débrouillarde : Véronique Bélanger
Photos : Marcel La Haye

La balle en folie

Expérience facile.
Attention ! Manipulation d'un exacto.

Voici comment rendre une petite balle complètement folle !

1

Avec l'exacto, fais une incision sur la moitié de la circonférence de la balle ou demande à un adulte de le faire. Rince à l'eau l'intérieur de la balle afin d'enlever toute saleté. Assèche l'intérieur puis passe à l'étape suivante.

2

Fais coller de la pâte à modeler à la surface intérieure de la balle. Insère un gros boulon dans la pâte à modeler. Assure-toi que le tout est bien retenu à la paroi de la balle. Tout dépendant de ton petit objet, tu peux aussi utiliser de la colle de ménage.

3

Referme la balle avec le ruban adhésif.

IL TE FAUT :

- une balle creuse
- de la pâte à modeler (ou de la colle de ménage)
- un exacto
- un petit objet pesant (comme un gros boulon)
- du ruban adhésif opaque

4

Maintenant, fais rouler la balle sur le sol. Bizarre... elle roule de travers ou fait des petits bonds. Elle est devenue folle !

Que se passe-t-il ?

Une balle normale est symétrique. C'est pourquoi, quand on la fait rouler sur une surface plane, elle roule en ligne droite et ralentit de façon régulière avant de s'immobiliser. Dans notre expérience, la balle n'est pas symétrique car il y a un objet lourd à l'intérieur. Cet objet fait varier la vitesse de rotation de la balle. Par exemple, lorsqu'il est du côté « avant » de la balle, la rotation s'accélère. Lorsqu'il est du côté « arrière », la rotation ralentit. L'objet pesant peut aussi faire osciller la balle de droite à gauche.

POURSUIS L'EXPÉRIENCE

Lance la balle dans les airs en la faisant tourner sur elle-même. Étonnant ! On trouve sur le marché des ballons lestés en un point, comme ta balle. Quand on lance un tel ballon à quelqu'un, c'est difficile de l'attraper, car il n'a pas une trajectoire régulière.

Débrouillarde : Dominique Diamant
Photos : Laurence Labat

13

Le défi du pot de sel

NaC

Peux-tu soulever un pot de sel en utilisant seulement le manche d'une cuillère en bois ? Voilà un défi amusant à lancer à tes amis.

1

Remplis le pot aux 3/4 de sel.

2

Enfonce le manche de la cuillère dans le pot. Assure-toi que l'extrémité du manche touche au fond du pot. Au besoin, demande à un adulte de le faire.

3

Compacte le sel en frappant le pot contre la table pendant une minute environ. Utilise un linge à vaisselle plié ou un tapis de souris pour ne pas abîmer la table.

IL TE FAUT :

- un petit pot de verre (pot à épices)
- du sel de table
- une cuillère en bois
- un linge à vaisselle ou un tapis de souris

4

Tire sur la cuillère. Et voilà ! Tu soulèves le pot sans difficulté.

ÇA NE MARCHE PAS ?

Ton pot est-il de la bonne taille ? Le sel n'était peut-être pas asse[z] compacté. Recommence l'expérience[.] Mais auparavant, ferme le pot e[t] secoue-le un peu.

POURSUIS L'EXPÉRIENCE

Remplace le sel par du riz.

MERCI, FROTTEMENT !

Le frottement est une force qui s'oppose au glissement des objets les uns contre les autres. Cette force joue un rôle capital dans notre vie. Sans elle, impossible de se tenir debout et de marcher, de rester assis sur une chaise, de rouler à bicyclette et de freiner, d'écrire... Imagine ce que serait la vie dans un monde où tout glisserait, un monde où il n'y aurait pas de frottement !

Que se passe-t-il ?

Au départ, tu peux insérer la cuillère dans le pot sans trop de mal, car il y a assez d'espace entre les grains de sel pour qu'ils bougent. Par contre, une fois le sel compacté, les grains se pressent fortement les uns contre les autres. La pression exercée alors par les grains sur le manche de la cuillère ainsi que sur la paroi du pot est beaucoup plus grande. Résultat : le frottement est suffisant pour te permettre de soulever le pot de sel.

Le frottement est une force qui augmente avec la pression. Pour mieux t'en rendre compte, fais glisser délicatement ta main sur le dessus d'une table. Recommence ensuite en pressant fort sur la table avec ta main. Que constates-tu ? Ça demande plus de force pour faire glisser ta main lorsque tu exerces une pression, car le frottement est alors plus grand.

Débrouillarde : Véronique Côté / Photos : Marcel La Haye

Fort comme un cylindre

Expérience très facile.

Un cylindre de papier, c'est solide ! Cent cylindres de papier ? C'est assez solide pour supporter ton poids !

1

Forme des cylindres de papier d'environ trois centimètres de diamètre. Utilise le ruban adhésif pour fixer le papier. Dépose les cylindres dans la boîte de carton.

IL TE FAUT :

- environ cent vieilles feuilles de papier (21,5 cm x 28 cm)
- du ruban adhésif
- une planchette
- une boîte de carton (30 cm x 30 cm x 10 cm)

2

Lorsque la boîte est bien pleine, dépose la planchette sur le dessus.

Monte sur la planchette. Installe-toi près d'une table ou d'un mur afin d'y prendre appui.

POURSUIS L'EXPÉRIENCE

Refais l'expérience en doublant le diamètre des cylindres ou en diminuant leur longueur. Est-ce aussi solide ? Détermine le diamètre maximum pour faire tenir un dictionnaire sur un seul cylindre de papier.

LES ABEILLES LE SAVAIENT DÉJÀ !

Cette expérience permet de réaliser une structure dite en nid d'abeilles. C'est rigide et léger, car il y a un grand nombre d'espaces d'air. On utilise de telles structures — faites de métal ou de plastique — pour fabriquer certaines composantes des avions comme les portes et les planchers.

Que se passe-t-il ?

Ton poids est réparti sur une grande surface. Ainsi, chaque cylindre ne supporte qu'une petite fraction de ton poids. De plus, la forme cylindrique est très résistante. Pourquoi ?

Lorsqu'on applique une force sur l'extrémité d'un cylindre, celle-ci est répartie de façon égale sur une grande surface, soit la surface de la paroi. Et un tube carré ? C'est moins robuste, car les arêtes constituent des points où les tensions s'accumulent au lieu de se répartir.

HUMPF

Débrouillard : Christophe Sanders / Photos : Marcel La Haye

Solide ? Liquide ?

Non, Blob !

Expérience facile, un peu salissante mais très amusante !

Dans ta cuisine, il y a tout ce qu'il faut pour fabriquer une substance étrange, moitié liquide, moitié solide. Alors, vas-y ! Mets la main à la pâte !

1

Verse 500 ml de fécule de maïs dans le bol à mélanger.

2

Verse quelques gouttes de colorant alimentaire dans 180 ml d'eau et ajoute cette eau à la fécule.

IL TE FAUT :

- 500 ml de fécule de maïs
- 180 ml d'eau
- une tasse à mesurer
- un bol à mélanger
- du colorant alimentaire

3

Relève tes manches et plonge tes mains dans ce liquide. Mélange bien les ingrédients jusqu'à ce que tu obtiennes une pâte.

ATTENTION à la quantité d'eau et de fécule que tu ajoutes, car l'expérience est très capricieuse. Si ton mélange est trop solide, ajoutes-y un peu d'eau ; s'il est trop liquide, ajoute un peu de fécule.

Débrouillarde : Maïka Gervais
Photos : Laurence Labat

CETTE PÂTE A D'ÉTRANGES PROPRIÉTÉS

POF !

Frappe brusquement le liquide avec ton poing, il ne s'enfoncera pas et... il n'y aura pas d'éclaboussures !

Saisis le mélange dans tes mains et forme une boule puis laisse glisser le Blob entre tes doigts. Bizarre, non ?

Plonge doucement un doigt dans le mélange, il atteindra le fond sans difficulté.

4 Voilà ! Tu as obtenu un liquide vraiment bizarre !

Que se passe-t-il ?

Il existe plusieurs théories pour expliquer ce curieux comportement du mélange fécule de maïs – eau. Voici la plus répandue :

Les grains de fécule de maïs sont insolubles dans l'eau et demeurent en suspension dans le liquide. En grande quantité, les grains de fécule roulent les uns sur les autres à cause de l'eau qui s'écoule entre eux. Mais dès que tu appliques une pression, avec ton poing par exemple, les grains se pressent les uns sur les autres et expulsent l'eau. Résultat : le liquide se comporte comme un solide !

ÉTRANGES LIQUIDES

Cette expérience démontre que certains liquides (ou fluides) changent de consistance lorsqu'on les brasse. Ainsi, le mélange fécule de maïs – eau est plus épais (ou visqueux) agité qu'au repos. Même chose pour le sable mouillé.

Au contraire, d'autres liquides deviennent moins visqueux lorsqu'on les remue. C'est le cas de la peinture, des encres d'imprimerie et du ketchup. Au repos, ces liquides épaississent. Mais dès qu'on les secoue, ils deviennent fluides. Pour constater ce changement de viscosité, verse un peu de ketchup dans un petit contenant et brasse-le vigoureusement avec une cuillère.

Je craque
pour le Glak !

Tu connais la Slime^{mc} ? Voici la recette du Glak, un produit tout aussi étrange qui aura un effet monstre sur tes amis.

1

Dans le bol, verse 40 ml d'eau, cinq gouttes de colorant alimentaire et 100 ml de colle blanche. Mélange avec la cuillère jusqu'à ce que l'eau et la colle forment une seule substance (environ deux minutes).

2

Dans le verre, verse 25 ml d'eau. Ajoute 30 g de borax (2 cuillerées à soupe) et mélange bien. Verse tout le contenu du verre dans le bol à mélanger.

IL TE FAUT :

- 100 ml de colle blanche liquide
- 65 ml d'eau du robinet
- 30 g de borax (borate de sodium) disponible en pharmacie (2 $)
- du colorant alimentaire de ton choix
- un bol à mélanger
- un verre transparent
- une cuillère à soupe
- une tasse à mesurer

3

Brasse vigoureusement avec la cuillère jusqu'à ce qu'il ne reste plus d'eau dans le fond du bol (cinq à dix minutes). Au besoin, demande l'aide d'un ami. Voilà, tu viens de fabriquer du Glak ! On dirait un mélange de Jell-O et de mastic.

Glak trop collant... ajoutes-y un peu de borax dilué dans de l'eau.

Ton Glak est trop sec ? Ajoutes-y un peu d'eau.

4 Observe ce qui se produit quand :
- tu l'étires doucement puis brusquement.
- tu l'exposes 10 minutes au soleil.
- tu laisses tomber d'une bonne hauteur du Glak sur la table.

Avec une paille, souffle de l'air dans une boule de Glak tiède.

PFFFFFFF

 Le borax est un produit irritant. Ne te frotte pas les yeux lorsque tu manipules le Glak. Et lave tes mains après l'expérience.

Que se passe-t-il ?

La colle blanche est composée d'eau et de polymères. Les polymères sont des molécules formant de longues chaînes microscopiques, un peu comme de longs spaghettis.

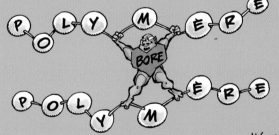

Dans notre expérience, ces chaînes sont reliées entre elles par des sortes de ponts constitués d'atomes de bore provenant du borax. Le bore forme donc des liaisons chimiques avec les chaînes.

Lorsque tu étires le Glak lentement, les chaînes glissent les unes sur les autres tout en restant reliées entre elles. Si tu tires d'un coup sec, certaines liaisons chimiques avec le bore se brisent... et le Glak se coupe en deux ! Heureusement, cela est réversible et les liaisons se refont lorsque tu pétris ensemble les deux morceaux.

POLYMÈRES AU MENU

Les plastiques sont des polymères synthétiques fabriqués à partir du pétrole. Il existe aussi des polymères naturels. Par exemple, la cellulose des plantes et l'amidon.

Lorsqu'on chauffe du lait, il se forme une mince pellicule à la surface. C'est un polymère de caséine.

Pour faire de la gélatine ou du Jell'O^{mc}, on mélange de la poudre à de l'eau chaude. Il se forme alors des longues chaînes de polymères entre lesquelles l'eau reste emprisonnée.

Débrouillard : Simon Leclair
Photos : Laurence Labat

Éruption
à la maison

Fabrique un volcan et provoque une éruption volcanique dans ta maison. Spectaculaire et sans danger !

Fabrique d'abord ton volcan !

IL TE FAUT :

- 500 g de farine blanche
- 250 g de sel
- 50 g de bicarbonate de soude
- 200 ml d'eau
- 100 ml de vinaigre
- 30 ml d'huile végétale
- 30 ml de savon à bulles (ou de détergent à vaisselle transparent)
- des colorants alimentaires rouge et vert
- un grand bol
- une tasse à mesurer
- une cuillère à soupe
- un verre transparent
- un grand plat (ou plateau)
- une bouteille (plastique ou verre) vide de 250 à 330 ml
- un entonnoir

NOTE: Notre volcan a été réalisé en multipliant la recette par six. Si tu procèdes ainsi, utilise une bouteille plus grande.

Verse 500 g de farine, 250 g de sel et 2 cuillerées à soupe d'huile végétale dans le bol. Mélange le tout avec la cuillère.

Verse 150 ml d'eau dans le verre. Ajoute 5 gouttes de colorant rouge et 5 gouttes de colorant vert. Verse le tout dans le bol.

Avec tes mains, mélange les ingrédients jusqu'à ce que la pâte à modeler ne soit plus collante (environ 2 minutes). Si la pâte demeure très collante, ajoute un peu de farine.

Pose la bouteille sur le plateau. À l'aide de la pâte à modeler, fabrique un volcan tout autour. Seul le goulot doit dépasser. Si tu le désires, peins ton volcan avec de la gouache. Auparavant, laisse sécher la pâte pendant une nuit.

⑤ Provoque une éruption volcanique !

Dans un verre, mélange 50 ml d'eau tiède et 50 g de bicarbonate de soude. Ajoute trois gouttes de colorant rouge, puis 30 ml de savon à bulles. À l'aide de l'entonnoir, verse le mélange dans le volcan. Rince l'entonnoir puis ajoute doucement 100 ml de vinaigre dans le cratère.

POURSUIS L'EXPÉRIENCE

Refais l'expérience en remplaçant le liquide à bulles par 30 ml de grenadine. On jurerait de la lave !

Que se passe-t-il ?

Le vinaigre réagit avec le bicarbonate de soude pour former du gaz carbonique. Lorsque le gaz occupe tout l'espace disponible dans la bouteille, la pression augmente et le gaz entraîne le liquide coloré hors de la bouteille. Les vrais volcans laissent aussi s'échapper des gaz, dont du gaz carbonique.

LES VOLCANS

Certains volcans entrent en éruption en explosant. Pourquoi ? Des gaz provenant du magma s'accumulent dans la cheminée du volcan, car la lave est très visqueuse. À un moment donné, ces gaz font sauter le sommet du volcan, comme le bouchon d'une bouteille de champagne. Ce type d'éruption volcanique produit beaucoup de cendres et très peu de lave, car celle-ci est réduite en poussière sous le choc de l'explosion. Le Vésuve (79 ap. J.-C.), le mont St. Helens (1980) et le Pinatubo (1991), entre autres, ont produit des éruptions de ce type. Le sommet de ces montagnes a littéralement explosé !

D'autres volcans, comme à Hawaï, dans l'océan Pacifique, ne produisent pas d'explosions. La lave de ces volcans est fluide et elle permet aux gaz provenant du magma de s'échapper facilement. Les gaz ne s'accumulent donc pas dans la cheminée du volcan.

L'ÉRUPTION DU VÉSUVE

Une des éruptions volcaniques les plus célèbres est celle du Vésuve, en l'an 79 de notre ère. Après des siècles d'inactivité, ce volcan est sorti de son sommeil et a dévasté la ville romaine de Pompéi, en Italie. Pline le Jeune, qui avait alors 17 ans, a survécu à la tragédie. Son oncle, un scientifique, est mort asphyxié en tentant de secourir des victimes. On a retrouvé deux lettres écrites par Pline le Jeune dans lesquelles il relate ces événements. C'est la première description volcanologique. Aujourd'hui, on utilise le terme « plinien » pour désigner certains types de volcans.

Débrouillard : Simon Laurin
Photos : Laurence Labat

Et que ça roule !

Transforme une roue de vélo en toupie.

1 Attache la corde à l'axe de la roue. Assure-toi que le nœud est solide. Tiens la roue par l'extrémité de la corde. Que se passe-t-il ?

Demande à ton assistant d'enfiler des gants et de maintenir la roue à la verticale, en la soutenant par les bouts de l'axe. D'une main, tiens l'extrémité de la corde ; de l'autre, fais tourner la roue le plus rapidement possible.

2

3 La roue tourne ? Demande à ton assistant de lâcher les deux bouts de l'axe. Surprise : la roue tourne tout en restant à la verticale !

Que se passe-t-il ?

La roue se comporte comme une toupie : en tournant sur elle-même, elle acquiert une stabilité qui l'empêche de tomber sur le côté.

Quand la roue est soutenue des deux côtés, elle ne se comporte pas comme une toupie. La direction de son axe de rotation tend à rester constante (voir « Poursuis l'expérience »). Lorsque tu roules à vélo, cela t'aide un peu à garder l'équilibre. Mais si tu ne tombes pas, c'est surtout parce que tu rétablis constamment ton équilibre par de légers mouvements du guidon et de ton corps.

POURSUIS L'EXPÉRIENCE

Enfile des gants et tiens la roue (sans corde) par les bouts de l'axe. Demande à ton assistant de faire tourner la roue le plus rapidement possible. Lorsque la roue tourne vite, essaie de l'incliner.

IL TE FAUT :

- une roue de vélo
- environ un mètre de corde solide
- de vieux gants
- un assistant

L'INVENTION DE LA BICYCLETTE

La première bicyclette s'appelait la draisienne, du nom de son inventeur : le baron allemand Carl von Drais (1816). Cette machine à deux roues ressemblait à un vélo mais n'avait pas de pédalier. Comment avançait-on ? En poussant sur le sol, avec ses pieds !

Vers 1861, les frères Michaux eurent l'idée géniale d'y fixer des pédales. La première véritable bicyclette avec un pédalier à chaîne a été mise au point par le Britannique Henry J. Lawson, en 1879.

HISTOIRE des SCIENCES

Débrouillards : Félix Desrosiers-Dorval et Lynda Di Cesare
Photos : Laurence Labat

L'œuf nu

LE FNU ?

Expérience facile. Résultat au bout de 24 heures.

Est-ce possible d'enlever la coquille d'un œuf cru sans le casser ? C'est ce que nous allons voir...

1 Verse le vinaigre dans le bocal de verre et plonges-y l'œuf. Des bulles se forment aussitôt sur la coquille.

2 Laisse reposer le tout au réfrigérateur pendant 24 heures. Si les bulles cessent de se former alors que la coquille est encore dure, change le vinaigre.

3 Le temps est écoulé. Sors délicatement l'œuf du bocal. Trempe-le dans l'eau et frotte-le pour enlever la poudre blanche qui le recouvre.

4 Et voilà ! L'œuf n'a plus sa coquille protectrice. Il ne reste qu'une membrane mince et molle, mais assez résistante. Tu vois même un peu à l'intérieur par transparence.

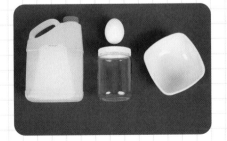

IL TE FAUT :

- 250 ml de vinaigre
- un bocal de verre
- un œuf frais
- un petit bol d'eau

Que se passe-t-il ?

La coquille d'un œuf est faite de carbonate de calcium. Or, le vinaigre (acide acétique) attaque le carbonate de calcium et le dissout. Cette réaction produit du sel et du gaz carbonique. D'où les petites bulles sur la coquille.

La membrane translucide que tu vois se trouve en temps normal directement sous la coquille. On l'appelle membrane coquillifère. C'est la petite peau qui adhère parfois au blanc lorsqu'on retire la coquille d'un œuf dur.

L'œuf est-il comestible ? Oui, mais une fois cuit, il aura un goût de vinaigre.

POURSUIS L'EXPÉRIENCE

Prépare trois « œufs nus ». Ensuite, mets-en un dans du sirop de maïs (ou une solution d'eau très sucrée), un autre dans de l'eau (colorée ou non) et le dernier, dans de l'eau salée. Laisse reposer les œufs au frigo pendant 24 heures. Qu'observes-tu ? Selon toi, la membrane coquillifère est-elle complètement imperméable ?

LES PLUIES ACIDES

Certaines pierres, comme le marbre et le calcaire, renferment du carbonate de calcium. Pas le granit. Or, les pluies acides dissolvent le carbonate de calcium. La prochaine fois que tu iras dans un cimetière, remarque les pierres tombales. Tu constateras que certaines sont plus endommagées que d'autres. Cela dépend du type de pierre utilisé.

Débrouillarde : Rosalie Blain / Photos : Marcel La Haye

Fabrique une mini-fusée

5... 4... 3... 2... 1...

Comment les fusées sont-elles propulsées ? Cette expérience te le montrera.

1

Teste d'abord ta boîte de film. Verses-y environ une cuillerée à soupe de vinaigre. N'en mets pas trop !

2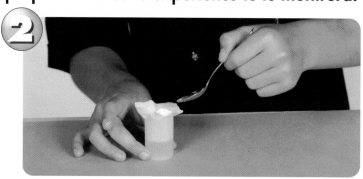

Dépose le carré de mouchoir en papier sur l'ouverture de la boîte. Enfonce-le légèrement avec ton pouce. Dépose environ trois pincées de bicarbonate de soude sur le mouchoir, vis-à-vis l'ouverture. ATTENTION ! Le bicarbonate de soude ne doit pas entrer en contact avec le vinaigre.

3 Replace le couvercle sur la boîte. Tu as entendu « clic » ? Parfait ! Le bouchon est bien fermé.

IL TE FAUT :

- une boîte de film avec un couvercle
- du bicarbonate de soude
- du vinaigre
- une petite cuillère
- des ciseaux
- du papier de construction (ou papier glacé)
- du ruban adhésif
- du ruban adhésif opaque
- de la colle en bâton
- un carré de 7 cm × 7 cm taillé dans un mouchoir en papier à deux plis
- un bac de plastique (facultatif)
- un chiffon

4

Prêt pour le test de lancement ? Éloigne les spectateurs à quelques mètres de toi. Tourne ta boîte à l'envers et dépose-la rapidement sur le sol. Éloigne-toi ! Le compte à rebours commence. Dans cinq ou six secondes ta boîte va décoller !

⚠ **La boîte ne décolle pas ?** Avant de t'en approcher, recouvre-la d'un chiffon et ne mets pas ton visage juste au-dessus. N'oublie pas qu'à tout moment, la boîte peut s'élever dans les airs. En tenant la boîte dans le chiffon, ouvre le couvercle. Refais un test en enlevant un pli du papier mouchoir. Tu peux aussi secouer rapidement la capsule avant de la déposer sur le sol. Si ça ne fonctionne toujours pas, change de modèle de boîte.

Le test de lancement a réussi ?
Fabrique maintenant une mini-fusée.

Découpe un rectangle de 15 cm x 8 cm dans le papier de construction (ou papier glacé). Enroule-le pour former un cône allongé. Fixe le cône à la boîte avec du ruban adhésif opaque.

Fabrique des ailerons avec deux petits carrés de papier de construction (3 cm x 3 cm). Colle-les au fuselage de ta fusée avec du ruban adhésif ou de la colle en bâton. Refais les étapes 1 à 4.

ATTENTION !

La mini-fusée peut s'élever à 2 ou 3 mètres dans les airs. Fais-la décoller à l'extérieur et loin de tout objet fragile. Aussi, dépose ta mini-fusée dans un bac de plastique plutôt que sur le sol.

Que se passe-t-il ?

Le vinaigre réagit avec le bicarbonate de soude pour produire du gaz carbonique. Au fur et à mesure que le gaz est produit, la pression monte : le gaz pousse de plus en plus sur les parois de la boîte et sur le bouchon. À un certain moment, la pression devient si forte que le bouchon saute et le gaz s'échappe vers le bas. Cela crée une poussée sur le haut de la boîte et la mini-fusée s'élève.

LE DÉCOLLAGE D'UNE NAVETTE

Pour décoller, une navette spatiale brûle un combustible à l'intérieur d'une chambre de combustion. Cela produit de grandes quantités de gaz. Si cette chambre était complètement fermée, la navette resterait immobile. Cependant, une ouverture laisse les gaz sous pression s'échapper vers le bas. Cela crée une poussée qui propulse la navette vers le haut. On appelle cela le principe d'action-réaction. Les fusées des feux d'artifice fonctionnent selon ce même principe.

Débrouillard : Philippe Diamant
Photos : Laurence Labat

3...2...1... Feu !

Voici une expérience toujours très populaire : la fabrication d'une fusée à eau.

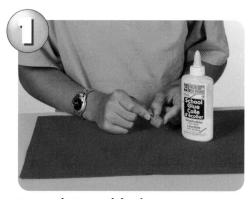

1 Demande à un adulte de percer un trou au centre du bouchon de liège et d'y introduire l'aiguille. Scelle le pourtour de l'aiguille avec de la colle.

2 Fabrique trois ailerons de carton (ou de bois de balsa) selon le modèle ci-dessous. Colle les ailerons à la bouteille avec de la colle forte et du ruban adhésif. Décore les ailerons si tu le veux. Assure-toi que ta bouteille tient bien en équilibre sur les ailerons.

3

Remplis la bouteille d'eau au tiers environ. Verse quelques gouttes de colorant (facultatif).

4 Pour faire le nez de la fusée, forme un cône de papier selon le modèle ci-contre. Colle le cône à la bouteille avec du ruban adhésif.

5 Referme la bouteille avec le bouchon de liège muni de l'aiguille. Enfonce-le bien.

6

Pour faire décoller ta fusée, relie d'abord la valve à la pompe à vélo. Puis, retourne la bouteille et pompe de l'air à l'intérieur. Le compte à rebours commence...

IL TE FAUT :

- une pompe à vélo
- une aiguille pour gonfler les ballons
- une bouteille de plastique de 2 litres
- de la colle forte (de type epoxy)
- un bouchon de liège
- des ciseaux
- du carton (ou du bois de balsa)
- du ruban adhésif opaque
- du colorant alimentaire (facultatif)

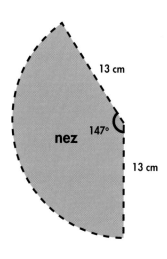

nez

13 cm

147°

13 cm

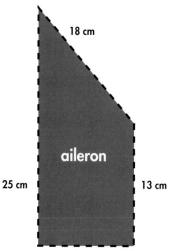

aileron

18 cm

25 cm

13 cm

8 cm

26

Pour faire décoller ta fusée, va dehors, dans un endroit éloigné de tout immeuble et de tout fil électrique. Assure-toi qu'il n'y a personne dans la zone où la fusée est susceptible de retomber. Ne mets pas ton visage au-dessus de la fusée.

7 **3, 2, 1... Mise à feu !**
Le bouchon se détache du goulot et la fusée s'élève dans les airs !

Que se passe-t-il ?

Au début, ta fusée contient de l'eau et une certaine quantité d'air. En pompant, tu ajoutes de l'air. Comme le volume à l'intérieur de la bouteille est fixe, l'air qui s'y trouve est comprimé et pousse de plus en plus sur les parois de plastique ainsi que sur l'eau (et sur le bouchon...).

À un certain moment, la pression devient si forte que le bouchon saute. La pression de l'air chasse l'eau de la bouteille et fait décoller la fusée ! C'est le principe d'action-réaction (voir Minifusée p. 24).

À quoi sert l'eau ?
Grâce à elle, ta bouteille monte beaucoup plus haut dans les airs que si elle était vide. Pourquoi ? La masse sortant de la fusée étant plus grande, la force de réaction exercée sur la fusée est elle aussi plus grande. Cependant, s'il y a trop d'eau, il n'y a pas assez d'air comprimé. Conséquence : l'élan donné à la fusée est plus faible.

HISTOIRE des SCIENCES

LES FUSÉES

Les premières fusées, qui ressemblaient à celles des feux d'artifice, ont été inventées en Chine il y a près de 1 000 ans. Selon une légende chinoise, un mandarin tenta de s'envoler sur un cerf-volant propulsé par 47 fusées. Celles-ci devaient être allumées simultanément par autant d'esclaves. Le tout finit dans une explosion et on ne revit jamais le mandarin.

La première fusée à combustible liquide s'est élevée dans le ciel le 16 mars 1926. Son inventeur est l'ingénieur américain Robert H. Goddard.

Débrouillard : Olivier Meloche
Photos : Laurence Labat

Bateau? Avion?
Non, aéroglisseur

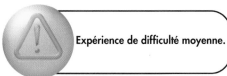

Expérience de difficulté moyenne.

Mi-bateau, mi-avion, l'aéroglisseur flotte sur un coussin d'air et glisse au-dessus de l'eau. Fais-en l'essai !

1 Colle la bobine de fil sur l'ouverture du disque compact. Mets de la colle autour de la bobine de façon à bien sceller le pourtour.

2 Colle les parois du bouton sur le dessus de la bobine. ATTENTION ! Ne bouche pas les trous du bouton !

3 Étire l'embouchure du ballon de façon à la placer sur la bobine.

IL TE FAUT :

- un disque compact*
- une bobine de fil à coudre en plastique (sans fil !)
- de la colle pour plastique (colle de ménage ou pour modèle réduit)
- un ballon gonflable
- un bouton à quatre trous

* soit un disque vierge (environ 2,00 $) ou un vieux compact dont plus personne ne veut !

4 Gonfle le ballon au maximum et pince l'embouchure pour empêcher l'air de sortir (ne fais pas de nœud).

5 Pose ce montage sur une surface plane, toujours en pinçant le ballon. Puis lâche le montage... C'est parti !

Que se passe-t-il ?

En s'échappant, l'air contenu dans le ballon forme sous le disque un coussin d'air qui soulève ton montage. Ton disque compact est supporté par l'air qui est évacué à une faible distance de la table. C'est ce qu'on appelle la portance.

À quoi sert le bouton à quatre trous ? À réduire l'écoulement de l'air. Sans lui, le ballon se dessoufflerait trop vite et tu n'aurais pas le temps d'observer le phénomène. Essaie-le !

L'AÉROGLISSEUR

L'aéroglisseur est un véhicule amphibie qui se déplace en glissant sur l'air. Comment ? De puissants ventilateurs soufflent en permanence de l'air sous la coque qui est entourée d'une jupe. Cet air sous pression gonfle la jupe et soulève l'aéroglisseur. L'air s'échappe ensuite au ras du sol, ce qui crée une très mince couche d'air entre l'engin et la surface. C'est le coussin d'air sur lequel glisse l'aéroglisseur. Comment avance-t-il ? À la manière de certains avions, soit grâce à des hélices. La présence d'un coussin d'air réduit considérablement le frottement et permet à l'aéroglisseur d'évoluer tant sur la terre ferme que sur l'eau, la glace ou la vase.

GLISSER SUR L'AIR

L'aéroglisseur a été développé simultanément en France, par Jean Bertin, et en Angleterre, par Sir Christopher Cockerell, vers la fin des années 1950. Les travaux de ces deux ingénieurs ont mené à la mise au point du premier véritable aéroglisseur. Avant eux, d'autres avaient imaginé des engins se déplaçant sur coussin d'air, mais sans succès. Parmi eux, l'ingénieur français Clément Ader (1841-1925), considéré comme le père de l'aviation en France. Son canot glissant pneumatique fut breveté en 1901, mais il s'avéra un échec commercial.

Débrouillarde : Ariane Savoie Bernard
Photos : Laurence Labat

Vois-tu ce que je vois ?

Expérience facile et rapide.

Notre cerveau et nos yeux aiment bien nous jouer des tours. En voici un étonnant !

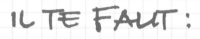

IL TE FAUT :

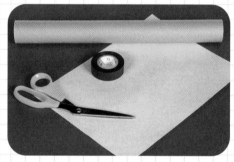

- un tube de carton rigide (4 cm de diamètre, environ)
- du ruban adhésif opaque
- des ciseaux
- une feuille de papier de construction pour recouvrir le tube de carton (facultatif)

1

Coupe 4 morceaux de ruban de 6 cm de long. Colle-les sur une ouverture du tube en laissant une mince fente d'environ 1 mm de largeur. Entoure ensuite l'extrémité du tube avec du ruban.

2 Referme une main autour de l'extrémité du tube sans ruban. Regarde à l'intérieur en appuyant ta main contre ton visage. Assure-toi que la fente est à la verticale.

3 Avec ton autre main, bouge lentement le tube de gauche à droite. Que vois-tu ? Pas grand-chose !

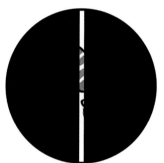

4 Bouge le tube rapidement. Étonnant ! On voit les objets en entier, comme si la fente était très large.

MOUCHE À BABORD

BZZZZZ.....

Que se passe-t-il ?

Les images que nous voyons sont créées par notre cerveau qui reçoit des signaux provenant des yeux. Or, ces images restent imprégnées sur la rétine pendant environ 1/25e de seconde. Pendant ce très court moment, nos yeux continuent d'envoyer un signal au cerveau. On appelle ce phénomène la persistance rétinienne. Lorsque tu regardes un objet à travers le tube, tu n'en vois qu'une toute petite partie. En bougeant le tube très rapidement, tes yeux captent une série d'images différentes correspondant chacune à une partie de l'objet. À cause de la persistance rétinienne, ces images se fusionnent dans ton cerveau et celui-ci te fait voir l'objet en entier.

POURSUIS L'EXPÉRIENCE

Regarde l'écran d'un téléviseur allumé à travers le tube. Place la fente à l'horizontale et bouge le tube rapidement de haut en bas. Que vois-tu ? Cela est dû à la façon dont l'image apparaît sur un écran de télé (ce que l'on voit est en réalité une succession très rapide d'images fixes).

Débrouillard : Nicolas Muraton / Photos : Laurence Labat

Ça vire au rouge !

Expérience facile.
Attention de ne rien tacher !

Tu aimes la chimie ? Tu auras beaucoup de plaisir à faire cette expérience.

1

2 Verse un peu d'eau dans un contenant de verre et ajoutes-y environ une cuillerée à thé de bicarbonate de sodium. Important : n'utilise pas la même cuillère que pour le curcuma. Dans le troisième contenant de verre, verse un peu de vinaigre.

3  Découpe deux bandelettes dans le filtre à café. Puis, trempe chacune d'elles jusqu'aux deux tiers dans la solution de curcuma. Laisse-les sécher (ou passe tout de suite à la dernière étape). ATTENTION de ne rien tacher !

Verse environ 50 ml d'alcool à friction (ou d'éthanol) dans le contenant muni d'un bouchon. Ajoutes-y deux cuillerées à thé de curcuma. Ferme le bouchon, brasse un peu et laisse reposer le tout cinq minutes.

HÉ !

4

Vinaigre

Bicarbonate de sodium

Trempe une bandelette dans le vinaigre et l'autre dans la solution de bicarbonate de sodium. Attends un peu… Surprise ! Une des bandelettes devient rouge.

IL TE FAUT :

- trois contenants en verre, dont un avec un bouchon
- un filtre à café blanc
- des ciseaux
- du curcuma (une épice indienne)
- deux cuillères à thé
- du bicarbonate de sodium (petite vache)
- du vinaigre
- de l'eau
- de l'alcool à friction ou de l'éthanol (vendu en pharmacie)

POURSUIS L'EXPÉRIENCE

Laisse sécher la bandelette qui a viré au rouge. Selon toi, que se passera-t-il si tu la trempes ensuite dans le vinaigre ?

Que se passe-t-il ?

En chimie, on définit trois types de substances : les substances neutres, les acides (acide acétique, acide citrique, etc.) et les bases (bicarbonate de sodium et soude caustique, entre autres). Certaines substances réagissent avec les acides ou les bases et changent de couleur. On les appelle des indicateurs colorés. C'est le cas de substances contenues dans le curcuma : elles deviennent rouges au contact d'une base. Les chimistes utilisent les indicateurs colorés pour déterminer l'acidité ou la basicité d'un produit.

Histoire des Sciences

Le chimiste suédois Svante August Arrhenius (1859-1927) fut le premier à expliquer le fonctionnement des acides et des bases d'un point de vue moléculaire. En 1884, il exposa sa théorie dans sa thèse de doctorat. Cette théorie était si révolutionnaire pour l'époque qu'on faillit ne pas lui accorder son diplôme ! Arrhenuis a reçu le prix Nobel de chimie en 1903.

Débrouillarde : Dominique Diamant
Photos : Laurence Labat

La boîte à images

Dans un appareil photo, l'image qui s'imprime sur la pellicule est renversée.
C'est le monde à l'envers ! Pour en avoir la preuve, fabrique une *camera obscura*.

1

Enlève le dessus de la boîte. Avec le crayon à mine et la règle, trace un rectangle (7 cm de largeur sur 8 cm de hauteur) dans une des extrémités de la boîte. Avec l'exacto, découpe ce rectangle de façon à obtenir une fenêtre. Sur l'autre extrémité de la boîte, trace le contour de la loupe ; puis découpe en suivant le tracé.

IL TE FAUT :

- une boîte de carton
  d'environ 20 cm x 11 cm x 11 cm
- des ciseaux
- un exacto
- du papier ciré
- une loupe
- du ruban adhésif opaque
- un carton mince
- un crayon à mine
- une règle

2

Dans le carton mince, taille deux rectangles identiques de 10 cm de largeur sur 16 cm de longueur. Sur chaque carton, découpe une ouverture de façon à obtenir une fenêtre d'environ 7 cm sur 8 cm.

3

Place un morceau de papier ciré entre les deux cartons et fixe-le pour qu'il soit bien tendu. Colle les deux cartons ensemble avec le ruban adhésif.

4

Peins l'intérieur de la boîte en noir (facultatif) et décore l'extérieur. Fixe la loupe dans l'ouverture que tu as taillée.

*Débrouillard : Guillaume Lanthier-Proulx
Photos : Laurence Labat*

D'une main, tiens l'extrémité de la boîte. De l'autre main, tiens la plaque de papier ciré. Pointe ta boîte vers un objet bien éclairé ou une fenêtre. Déplace la plaque d'avant en arrière jusqu'à ce que tu obtiennes une image nette.

Que se passe-t-il ?

Si l'image est renversée, c'est à cause de la distance entre la loupe et l'objet que tu regardes.

foyer

Une loupe, c'est une lentille biconvexe, avec les deux faces bombées. Lorsque les rayons lumineux provenant d'un objet éloigné traversent la lentille, ils convergent en un point appelé foyer.

foyer

Lorsqu'on se sert d'une loupe, on la place toujours près de l'objet qu'on veut grossir, de façon à ce que celui-ci soit entre le foyer et la lentille. On obtient ainsi une image à l'endroit.

foyer

Si l'objet se trouve au-delà du foyer, l'image qui se forme est renversée.

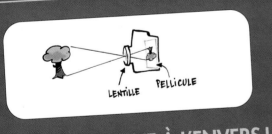

LENTILLE   PELLICULE

NOS YEUX VOIENT À L'ENVERS !

Un appareil photo est équipé d'une ou de plusieurs lentilles qui concentrent les rayons lumineux sur la pellicule. L'image qui s'y imprime est renversée. C'est aussi le cas de l'image qui se forme sur la rétine de nos yeux. Heureusement, notre cerveau remet les choses à l'endroit.

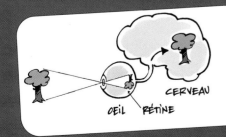

CERVEAU

OEIL   RÉTINE

HISTOIRE des SCIENCES

LA *CAMERA OBSCURA*

Il y a 2 500 ans environ, les Chinois découvrent que la lumière traversant une pièce sombre par un minuscule trou projette une image renversée sur le mur opposé.

Plus tard, Aristote (384-322 av. J.-C.) utilise cette technique pour observer une éclipse solaire. Vers l'an 1000, le physicien arabe Alhazen décrit le principe de ce qui sera baptisé plus tard la *camera obscura* (chambre noire).

Avec le temps, une boîte remplace la pièce, l'orifice est équipé d'une lentille et l'image est fixée sur une plaque ou une pellicule. La photographie est née (1839). On attribue l'invention de la photographie aux Français Niépce et Daguerre, ainsi qu'au Britannique Fox Talbot.

33

Ils flottent, les liquides !

Un liquide qui flotte sur un autre liquide, c'est étonnant. Huit liquides qui flottent les uns sur les autres, c'est époustouflant !

1

À l'aide de la tasse à mesurer, verse 70 ml de mélasse dans un des petits verres. Répète l'opération avec les sept autres liquides (50 ml chacun). Entre chaque opération, nettoie la tasse à mesurer.

IL TE FAUT :

- un grand verre transparent (environ 25 cm de hauteur)
- 8 petits verres en plastique
- 70 ml de mélasse
- 50 ml de sirop de maïs
- 50 ml de glycérine (disponible en pharmacie ; environ 1,50 $)
- 50 ml de détergent à vaisselle
- 50 ml d'huile végétale
- 50 ml d'alcool à friction
- 50 ml d'huile minérale
- 50 ml d'eau du robinet
- une tasse à mesurer
- du colorant alimentaire (2 couleurs)

2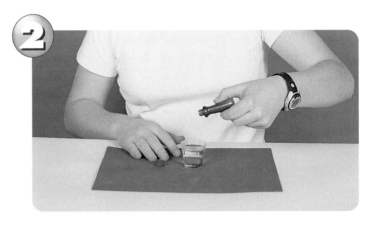

Ajoute deux gouttes de colorant alimentaire à l'eau, puis deux autres (d'une autre couleur) à l'alcool à friction. Mélange bien le colorant à chaque liquide.

3 Verse la mélasse dans le grand verre. Attention en versant : la mélasse ne doit pas toucher la paroi du verre !

4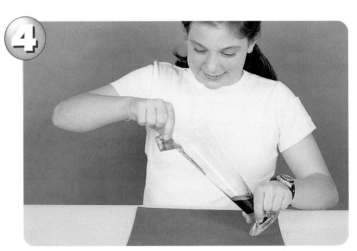

Incline le verre et verse LENTEMENT le sirop de maïs, en le laissant s'écouler le long de la paroi. Attends deux minutes, puis ajoute la glycérine de la même manière. Verse ensuite les liquides dans l'ordre suivant en procédant comme pour les deux précédents : détergent à vaisselle, eau, huile végétale, alcool à friction, huile minérale. Entre chaque liquide, attends deux minutes.

Débrouillarde : Patricia Parent
Photos : Laurence Labat

5 **Les liquides forment une spectaculaire colonne de huit étages !**

Que se passe-t-il ?

Deux raisons expliquent pourquoi les liquides ne se mélangent pas.

1. Certains liquides ne sont pas miscibles l'un avec l'autre. C'est le cas de l'eau et de l'huile végétale. Les molécules d'eau se lient davantage entre elles qu'avec les molécules d'huile (il en est de même des molécules d'huile entre elles.) C'est pourquoi l'eau et l'huile mélangées se séparent.

2. Les liquides n'ont pas tous la même densité. Ainsi, un litre de mélasse n'a pas le même poids qu'un litre d'alcool. La mélasse est plus dense, donc plus lourde que l'alcool. C'est pourquoi l'alcool flotte sur la mélasse.

ALCOOL

MÉLASSE

LES DÉVERSEMENTS DE PÉTROLE

Le pétrole est moins dense que l'eau et il n'est pas miscible avec celle-ci. C'est pourquoi, lors d'un déversement, il se forme une nappe de pétrole à la surface de l'eau. Pour limiter les dégâts, on entoure la nappe d'estacades. Ce sont des boudins flottants. Puis, on pompe le pétrole.

Lors d'un déversement, on tente d'empêcher les mammifères marins et les oiseaux de s'approcher de la nappe. Pour cela, on a recours, entre autres, à des hélicoptères, à des petits bateaux ou à des bouées effaroucheuses. Ces bouées émettent des sons stridents.

Le pétrole affecte le plumage et la santé des oiseaux. Ceux-ci ont alors de la difficulté à voler, à flotter et à se nourrir. Ils peuvent aussi souffrir d'hypothermie ou s'intoxiquer en tentant de nettoyer leur plumage avec leur bec.

Photo : Martin Lavoie

POURSUIS L'EXPÉRIENCE

Refais l'expérience en ajoutant une couche d'eau salée entre la glycérine et le détergent à vaisselle. Facile : verse 50 ml d'eau tiède dans un verre, puis ajoutes-y 50 g de sel. Brasse bien.

Comme l'eau salée est plus dense que l'eau douce, elle se retrouve plus bas dans la colonne de liquides. À ton avis, que se passe-t-il quand l'eau douce d'une rivière rencontre l'eau salée d'un océan ?

Un brouillard des brouillards

Tu aimerais faire du brouillard ? Rien de plus simple !

 Mets le gros bocal de verre au congélateur pendant au moins dix minutes.

Remplis le petit bol de plastique d'eau bouillante. Allume l'encens et place-le loin du bol.

Sors le gros bocal du congélateur. Tiens-le au-dessus du bol d'eau. Aussitôt, une légère fumée blanche apparaît.

Approche l'encens allumé du bol d'eau. Une intense fumée se forme...

IL TE FAUT :

- de l'eau bouillante
- une tasse à mesurer (ou petit bol de plastique résistant à la chaleur)
- de l'encens
- un gros bocal de verre (avec ou sans poignée)

UN BROUILLARD À COUPER AU COUTEAU

De la fumée d'encens ?
Non ! C'est du brouillard !

Photos : CRDI

Que se passe-t-il ?

L'eau bouillante laisse échapper de la vapeur d'eau. Cette vapeur, c'est de l'eau à l'état gazeux.

Au début, la vapeur se condense à cause du froid. D'où la légère fumée blanche.

En approchant l'encens du bol, on favorise davantage cette condensation. Des gouttelettes d'eau se forment autour des particules solides présentes dans la fumée. Comme il y a davantage de condensation, la fumée blanche devient plus abondante.

LES CAPTEURS DE BROUILLARD

En 1987, des scientifiques canadiens et chiliens ont trouvé une façon ingénieuse de recueillir l'eau contenue dans le brouillard en montagne. Ils ont simplement installé de grands filets de polypropylène.

Lorsque le brouillard traverse le filet, des gouttelettes d'eau se déposent sur les mailles. L'eau s'écoule ensuite le long du filet, jusque dans une gouttière. Grâce à ces capteurs de brouillard, des gens vivant dans des régions arides ont de l'eau potable.

Débrouillard : Thomas Muraton
Photos : Laurence Labat

LE BROUILLARD

Le brouillard, c'est tout simplement un nuage qui se trouve près du sol. Il se forme lorsqu'une couche d'air froid rencontre de l'air humide, c'est-à-dire rempli de vapeur d'eau. Quand la vapeur d'eau refroidit, de minuscules gouttelettes d'eau apparaissent et flottent dans l'air. C'est le brouillard. Il est plus abondant en présence de fines particules, comme des poussières, car celles-ci favorisent la condensation.

Le brouillard se forme surtout en soirée ou à la fin de la nuit, et souvent près de l'eau. Il est généralement plus épais à l'aube, car la température est à son plus bas. Dès que le soleil réchauffe l'air, les gouttelettes d'eau se transforment en vapeur et le brouillard se dissipe. À moins que le vent ne l'ait déjà chassé !

C'est dans le sac !

L'AFFAIRE EST DANS LE SAC.

> Expérience facile et rapide.
> Résultat au bout de deux heures.
> Manipulation de teinture d'iode.

Un sac de plastique est-il parfaitement étanche ?
Voici la réponse, sous forme d'expérience.

1 Mets une cuillerée à soupe de fécule de maïs dans le sac de plastique. Ajoute 50 ml d'eau. Mélange le tout avec la cuillère à soupe. Puis ferme le sac avec une attache métallique.

2 Verse 50 ml d'eau dans le verre. Ajoute 5 ml (30 gouttes) de teinture d'iode et agite doucement. Dépose le sac dans le verre. Veille à ce que l'eau du verre ne déborde pas. Assure-toi que l'ouverture du sac n'entre pas en contact avec l'eau du verre.

Que se passe-t-il ?

Le sac est plein de trous invisibles à l'œil nu. Les molécules d'iode, qui sont minuscules, passent par ces trous et se retrouvent dans le sac. Là, l'iode réagit avec la fécule de maïs pour donner cette couleur pourpre. Pourquoi l'eau du verre ne devient-elle pas pourpre ? Les molécules de fécule de maïs sont trop grosses pour passer à travers les minuscules trous du sac.

DES CELLULES TROUÉES

Ton corps est formé de milliards de cellules. Chacune est entourée d'une membrane percée de trous minuscules, comme le sac de plastique. Par ces trous, la cellule absorbe sa nourriture et évacue ses déchets.

IL TE FAUT :

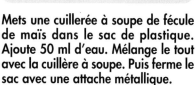

- 25 g de fécule de maïs
- un sac à sandwich mince en plastique
- une attache métallique pour sac à ordures
- un compte-gouttes (facultatif)
- 100 ml d'eau du robinet
- 5 ml de teinture d'iode
- un verre transparent
- une cuillère à soupe

ATTENTION ! La teinture d'iode tache beaucoup.

3 Attends 30 minutes. Le liquide à l'intérieur du sac change-t-il de couleur ? Et au bout d'une heure ? De deux heures ?

POURSUIS L'EXPÉRIENCE

Remplace la teinture d'iode p[ar] quelques gouttes de colorant alime[n]taire. Que se passe-t-il ?

Débrouillard : Simon Leclair
Photos : Laurence Labat

La baguette magique

Expérience facile et rapide.

D'un simple coup de baguette, fais tournoyer des gouttes de colorant sur du lait.

1

Verse un peu de lait dans l'assiette à tarte. Dépose quelques gouttes de colorant sur le lait (utilise deux ou trois couleurs). N'en mets pas au centre.

2

Trempe le bout de la baguette dans le savon liquide. Puis touche la surface du lait, au centre de l'assiette. Aussitôt, la couleur se disperse en s'éloignant de la baguette.

IL TE FAUT :

- une assiette à tarte
- du colorant alimentaire
- du lait
- une petite baguette de bois
- du savon liquide

3

Le mouvement semble s'arrêter ? Avec le bout de ta baguette, touche à nouveau la surface du lait, sur le côté.

POURSUIS L'EXPÉRIENCE

Refais l'expérience en remplaçant le lait par de l'eau. Que se passe-t-il lorsque tu ajoutes du colorant ? Dépose des petits bouts de papier ou des confettis sur la surface, au centre. Puis touche l'eau avec la baguette enduite de savon. Les papiers bougent-ils ? Pourquoi ?

POURQUOI LE SAVON ?

L'eau tend à glisser et à former des gouttelettes sur la peau. C'est dû à la tension superficielle de l'eau et à la présence d'une fine couche d'huile sur notre peau. Comment permettre à l'eau de mouiller davantage notre peau ? C'est simple : en brisant la tension superficielle avec du savon. L'eau et le savon peuvent alors déloger la saleté et les graisses.

Que se passe-t-il ?

Le lait est constitué en grande partie d'eau. Il est aussi composé de gras et de protéines. Lorsque tu mets le colorant sur le lait, celui-ci flotte, car il est moins dense. Le gras et les protéines, eux, empêchent le colorant de se disperser. Pourquoi le colorant se met-il à bouger lorsque tu touches le lait avec le savon ?

À la surface du lait, les molécules d'eau forment une sorte de membrane tendue. C'est dû à une force appelée tension superficielle. En touchant la surface avec le savon, tu affaiblis la tension superficielle. Cet effet se propage et le colorant se disperse. Bref, c'est un peu comme si tu transperçais une membrane de caoutchouc tendue avec une aiguille : tu crées un petit trou qui s'agrandit.

39

Débrouillarde : Véronique T. Pion
Photos : Marcel La Haye

Les citrons
électriques

LA LUMIÈRE AU CITRON... UN ÉCLAIRAGE SÛR !

Branche un cadran sur des citrons et mets-toi à l'heure de l'électricité !

Découpe dans le carton trois lanières de 3 cm sur 6 cm. Enrobe-les de papier d'aluminium.

IL TE FAUT :

- 3 citrons frais
- 9 pièces d'un sou d'avant 1988 *
- du papier d'aluminium
- des ciseaux
- un petit cadran de voiture [écran à cristaux liquides (LCD)]. Environ 2 $ chez Canadian Tire ou Radio Shack.
- 4 fils électriques avec « pince alligator » aux extrémités (50 cents chacun)
- 3 trombones en métal
- du carton (du genre boîte de céréales)
- un couteau

* Les pièces d'un sou étaient alors faites à 100 % de cuivre. Depuis 1988, elles contiennent un alliage (mélange) de cuivre et d'autres métaux.

Dans un citron, fais deux entailles distantes de deux centimètres. Prudence, avec le couteau ! Dans l'une des entailles, enfonce une lanière recouverte d'aluminium. Fixe un trombone à son extrémité. Dans l'autre entaille, enfonce trois pièces d'un sou aux trois quarts. Fais de même avec les deux autres citrons.

3 Avec les fils électriques, relie les trois citrons tel qu'illustré :

A. De la borne négative du cadran aux pièces d'un sou du citron # 1.

B. Du trombone fixé à la lanière d'aluminium du citron # 1 aux pièces d'un sou du citron # 2.

C. Du trombone fixé à la lanière d'aluminium du citron # 2 aux pièces d'un sou du citron # 3.

D. Du trombone fixé à la lanière d'aluminium du citron # 3 à la borne positive du cadran.

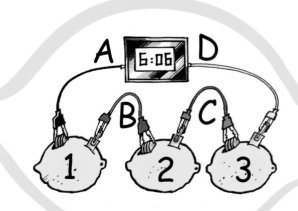

Que se passe-t-il ?

Tu as fabriqué une pile électrique : un montage qui produit du courant. Une pile électrique est toujours constituée de deux substances différentes (ici, le cuivre et l'aluminium) qui trempent dans un milieu conducteur d'électricité (ici, le jus de citron) ou une pâte humide. Voici ce qui se passe :

1. Les atomes d'aluminium se dissolvent dans le jus de citron. Ils laissent derrière eux des électrons qui s'accumulent sur la lanière.

2. Le surplus d'électrons circule dans le fil conducteur.
3. Les électrons en mouvement font fonctionner le cadran.
4. Les atomes de cuivre laissent échapper des électrons vers le jus de citron.

Un seul citron ne produirait pas assez d'électricité pour faire fonctionner le cadran. C'est pourquoi on utilise trois citrons reliés par des fils conducteurs. Il s'agit d'un branchement en série. La plupart des lampes de poche requièrent aussi plusieurs piles.

4 Un peu de patience...

Il faut jusqu'à une heure pour que ton montage produise assez d'électricité pour faire fonctionner le cadran. Celui-ci devrait fonctionner pendant quelques heures.

Ça ne fonctionne pas ?

- Vérifie tes branchements : as-tu inversé les pôles négatif et positif du cadran ?
- Utilise des citrons plus frais.
- Tes pièces d'un sou datent-elles toutes d'avant 1988 ? Assure-toi aussi qu'elles ne sont pas couvertes de taches verdâtres.

POURSUIS L'EXPÉRIENCE

Remplace les citrons par un pamplemousse, une banane et une pomme de terre. Ou encore, relie ton montage à une diode électro-luminescente (DEL). C'est une toute petite ampoule qui nécessite très peu de courant. Inutile d'essayer avec une ampoule ordinaire. Ton montage produit un courant trop faible pour la faire briller.

LA PILE DE VOLTA

La première pile électrique a été réalisée par le physicien italien Alexandre Volta en 1799. Elle était faite de plaques de zinc et d'argent, séparées par un papier imbibé d'une solution saline. Le mot « pile » vient d'ailleurs de l'image créée par ce premier « empilage » de plaques.

Débrouillarde : Patricia Parent
Photos : Laurence Labat

La lumière, ça voyage !

Fais dévier la lumière dans ta cuisine avec... de la gélatine !

1

Mélange la gélatine avec l'eau très chaude. Verse ce mélange dans le moule et mets-le au réfrigérateur pendant 4 heures.

2 Remplis le fond de l'évier de la cuisine d'eau très chaude. Sors le moule du réfrigérateur et dépose-le sur l'eau chaude quelques secondes, pour décoller la gélatine du fond du plat. Attention, ne laisse pas ton moule flotter trop longtemps sur l'eau chaude, car la gélatine va fondre complètement ! Si cela se produit, remets ton plat au frigo.

3

Pour démouler la gélatine, tourne soigneusement le plat à l'envers sur une surface plane et propre.

4

Avec un couteau, coupe des bandes droites de gélatine (quelques centimètres de largeur).

IL TE FAUT :

- 2 sachets de gélatine Knox[mc]
- une tasse d'eau très chaude
- un crayon lumineux ou une petite lampe de poche*
- un petit moule à gâteau de 15 cm X 7 cm antiadhésif
- un couteau

* Pour obtenir un petit faisceau de lumière, recouvre le verre de ta lampe en ne laissant qu'un petit trou.

Débrouillard : Maxime Paradis
Photos : Laurence Labat

5

Éteins les lumières. Avec ton crayon lumineux (ou ta lampe de poche) éclaire par le bout l'intérieur d'une bande de gélatine. Que se passe-t-il ? Le faisceau de lumière sort à l'autre extrémité de la bande de gélatine. Pour mieux capter le faisceau, mets un carton blanc au bout de la bande. Brillant n'est-ce pas ?

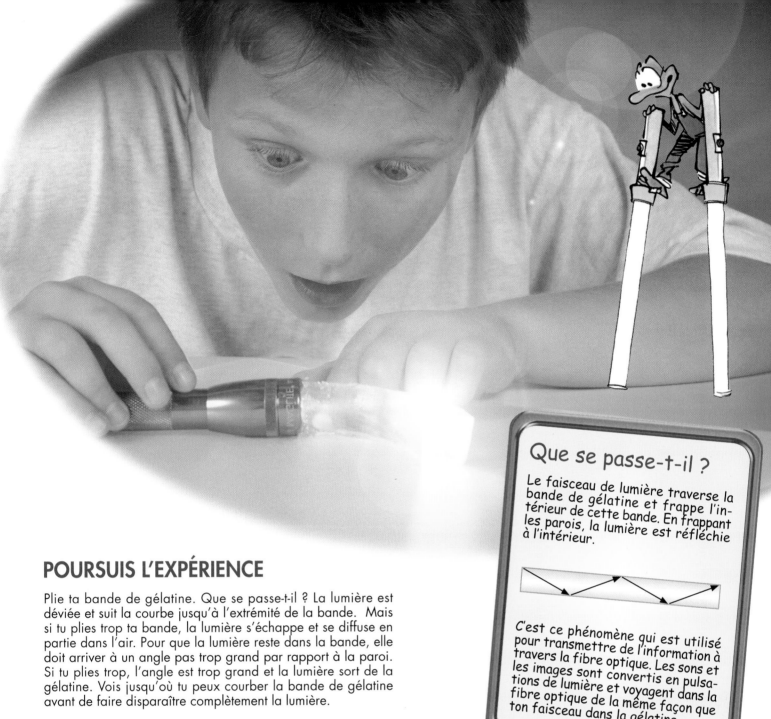

POURSUIS L'EXPÉRIENCE

Plie ta bande de gélatine. Que se passe-t-il ? La lumière est déviée et suit la courbe jusqu'à l'extrémité de la bande. Mais si tu plies trop ta bande, la lumière s'échappe et se diffuse en partie dans l'air. Pour que la lumière reste dans la bande, elle doit arriver à un angle pas trop grand par rapport à la paroi. Si tu plies trop, l'angle est trop grand et la lumière sort de la gélatine. Vois jusqu'où tu peux courber la bande de gélatine avant de faire disparaître complètement la lumière.

Que se passe-t-il ?

Le faisceau de lumière traverse la bande de gélatine et frappe l'intérieur de cette bande. En frappant les parois, la lumière est réfléchie à l'intérieur.

C'est ce phénomène qui est utilisé pour transmettre de l'information à travers la fibre optique. Les sons et les images sont convertis en pulsations de lumière et voyagent dans la fibre optique de la même façon que ton faisceau dans la gélatine.

LA FIBRE OPTIQUE

Une fibre optique est un filament de verre très pur de la grosseur d'un cheveu. On utilise les fibres optiques, entre autres, pour transmettre des conversations téléphoniques ou des données par Internet. Une seule fibre peut transmettre jusqu'à 20 000 conversations en même temps !

Dans une fibre optique, les informations voyagent à toute vitesse sous forme de signaux lumineux produits par un laser. Ces rayons se propagent tout le long de la fibre, parfois sur des milliers de kilomètre.

En médecine, on utilise la fibre optique pour voir à l'intérieur du corps et pour effectuer certains traitements. On s'en sert aussi pour prendre des mesures, comme la pression sanguine.

DU LASER À LA FIBRE

Les principes physiques qui expliquent le fonctionnement de la fibre optique sont connus depuis 300 ans. Au début des années 1950, on met au point un appareil, muni d'une fibre optique, pour voir à l'intérieur du corps. Avec l'invention du laser en 1960, la fibre optique trouve des applications en télécommunications. Chicago, aux Etats-Unis, fut la première ville à se doter d'un système de communications téléphoniques utilisant la fibre optique (1977).

Histoire des Sciences

Fais du vent !

Que peut-on faire avec beaucoup de chaleur et un peu de glace ? Du vent ! Voici comment.

1 Recouvre environ la moitié du fond de l'aquarium de papier de construction ou de tissu noir. Remplis le contenant de glace et dépose-le à quelques centimètres de la surface noire.

2 Approche la lampe, ou fixe-la à l'aquarium, de façon à éclairer la surface noire.

IL TE FAUT :

- un aquarium ou une boîte de carton avec une grande ouverture sur le côté recouverte de pellicule plastique
- un contenant de plastique
- de la glace
- un cône d'encens
- des allumettes
- du papier de construction noir (ou tissu noir)
- une lampe et une ampoule dégageant de la chaleur (une ampoule de 100 watts ou une lampe réflecteur à faisceau étroit)
- un carton blanc

3 Allume le cône d'encens et dépose-le entre la glace et la surface noire.

*Débrouillard : Philippe Diamant
Photos : Laurence Labat*

BRISE DE TERRE
ET BRISE DE MER

Les pêcheurs connaissent bien ces petits vents légers et frais. Chaque matin, la brise de terre, qui souffle vers le large, les aide à atteindre leur zone de pêche. En fin de journée, la brise de mer, qui souffle de la mer vers la rive, les ramène au quai.

Le jour, le Soleil réchauffe plus rapidement le sol que les grandes étendues d'eau (lacs, rivières, mers). L'air qui se trouve au-dessus du sol se réchauffe à son tour et s'élève, tout comme dans notre expérience. Ce mouvement ascendant crée un appel d'air plus frais en provenance du large. C'est la brise de mer.

La nuit venue, les terres se refroidissent beaucoup plus rapidement que l'eau. Du coup, l'air au-dessus du sol se refroidit aussi. Cependant, au-dessus de d'eau, l'air reste chaud et s'élève. Conséquence : il se crée un appel d'air en provenance des terres. C'est la brise de terre.

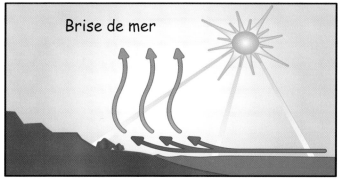

Brise de mer

Brise de terre

4 Allume la lampe et dépose le carton blanc sur le dessus de l'aquarium, vis-à-vis la glace. Observe le comportement de la fumée au bout de quelques minutes.

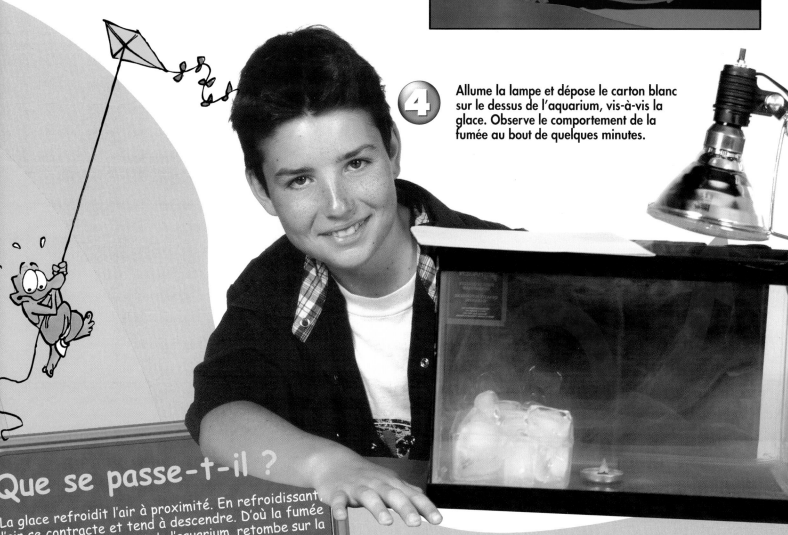

Que se passe-t-il ?

La glace refroidit l'air à proximité. En refroidissant, l'air se contracte et tend à descendre. D'où la fumée qui, une fois dans le haut de l'aquarium, retombe sur la glace.

Au-dessus de la surface noire, c'est l'inverse : la fumée a tendance à monter. Pourquoi ? En allumant l'ampoule, la surface noire s'échauffe et réchauffe l'air au-dessus d'elle. En réchauffant, cet air se dilate et s'élève. Cela crée un « vide » près de la surface noire, qui est aussitôt comblé par de l'air froid provenant de la zone où se trouve la glace.

Cet air froid se réchauffe à son tour et s'élève. Il se crée alors un courant d'air ascendant continu que tu peux visualiser grâce à la fumée. Ce mouvement d'air, c'est une véritable « brise de mer » en miniature !

L'ÉCHELLE DE BEAUFORT

Pour évaluer la force du vent, on utilise l'échelle de Beaufort. Par exemple, une brise légère soufflant entre 5 et 10 km/h correspond à un vent de force deux sur l'échelle de Beaufort ; un ouragan (plus de 115 km/h), à un vent de force 12.

C'est en 1806 que Sir Francis Beaufort (1774-1857) eut l'idée de créer cette échelle. Cet amiral anglais voulait ainsi faciliter la transmission des observations météorologiques. L'emploi de l'échelle de Beaufort fut généralisé à partir de 1874.

Histoire des Sciences

Le défi du ballon

Peux-tu percer un ballon gonflable sans le faire éclater ? Relève le défi !

1 Gonfle le ballon, mais pas à son maximum. Fais un nœud.

2

Trempe la tige de bois dans le savon à vaisselle. Perce le ballon avec la pointe de la tige, tout près du nœud.

Puis, fais ressortir la tige à l'autre extrémité du ballon, là où le caoutchouc est plus foncé.

IL TE FAUT :

- un ballon gonflable
- une tige de bois (baguette à brochette)
- du savon à vaisselle (facultatif)

3

Et voilà ! Tu as réussi à percer un ballon sans le faire éclater.

Tu entends l'air s'échapper ? Bouge un peu la tige. Le caoutchouc viendra s'y coller, ce qui réduira la fuite.

DES BALLONS DE SÈVE

Le caoutchouc naturel est fabriqué à partir du latex sécrété par l'hévéa, un arbre tropical originaire d'Amazonie. Déjà, à l'époque des Mayas, on en faisait des balles rebondissantes. L'élasticité du caoutchouc est due à l'arrangement de ses molécules, de longues chaînes entortillées. Lorsqu'on étire du caoutchouc ou qu'on le déforme, ces chaînes bougent et glissent les unes sur les autres. Il existe des caoutchoucs synthétiques, mais ils ne sont pas aussi élastiques et résistants à la chaleur que le caoutchouc naturel.

Que se passe-t-il ?

En temps normal, lorsqu'on perce un ballon, celui-ci éclate. Pourquoi ? Parce que le caoutchouc est tellement sous tension que le moindre petit trou entraîne une déchirure de la membrane.

Dans notre expérience, on fait pénétrer la tige par les deux extrémités du ballon, là où le caoutchouc est le moins tendu (d'où la couleur plus foncée du ballon dans ces régions). Conséquence : il se forme un trou qui ne s'agrandit presque pas. Et le savon ? Il aide simplement à faire pénétrer la tige en réduisant le frottement entre elle et le caoutchouc.

*Débrouillarde : Catherine Dyotte
Photos : Laurence Labat*

Le défi du cube de glace

Peux-tu soulever un cube de glace avec un fil de métal sans enrouler le fil autour du cube ?

IL TE FAUT :

- un fil de métal ou une attache pour sac à déchets (enlève le papier recouvrant l'attache)

- un cube de glace

1

Frotte le fil de métal sur le cube en pressant légèrement. Tu dois frotter au même endroit, jusqu'à ce que le fil s'enfonce dans le cube (de quelques millimètres).

2 Après quelques minutes, arrête de frotter et lâche le fil.

3 Attends deux minutes et… soulève le cube !

Que se passe-t-il ?

En frottant et en pressant, le fil fait fondre la glace sous lui et s'enfonce. Comme la glace environnante est froide, l'eau regèle et emprisonne le fil dans le cube.

COMME SUR DES PATINS

Lorsque tu patines, la lame des patins frotte sur la glace, ce qui la fait fondre. Il se forme alors une très très mince couche d'eau sous la lame. C'est grâce à elle que ton patin glisse. Comme cette eau est très froide et qu'elle est entourée de glace, elle regèle très vite. Heureusement, sinon nos patinoires deviendraient des piscines !

DE L'OS À L'ACIER

Le patinage existe depuis des milliers d'années. Les hommes préhistoriques fabriquaient des lames de patin avec des os. Ils les chaussaient pour se déplacer, chasser ou fuir les ennemis.

À partir du 12e siècle, le patinage s'est surtout développé en Hollande. Comme les lames de ces patins étaient en bois, elles ne mordaient pas dans la glace ; on avançait à l'aide d'un bâton. Quand les lames en fer sont apparues, on a abandonné l'usage du bâton.

En 1848, un Américain invente les lames en acier, plus résistantes. En 1954, le Canadien John Forbes a l'idée de riveter la lame à la chaussure pour remplacer les courroies utilisées jusque là.

Débrouillarde : Ariane Savoie Bernard / Photos : Laurence Labat

Un moteur qui carbure

Voici un montage électrisant pour comprendre comment fonctionne un moteur électrique.

1

Enroule le fil à aimant autour de la pile électrique. Fais huit tours de façon à obtenir une bobine de 2 cm de diamètre.

2

Laisse 5 cm de fil électrique à chaque extrémité de la bobine. Enroule les extrémités du fil autour de la bobine pour l'empêcher de se défaire et fais un nœud de chaque côté.

3

Pose l'anneau à plat sur une table puis, en te servant du papier sablé, frotte chaque extrémité du fil sur une longueur d'environ 4 cm. Le but est d'enlever l'isolant sur un seul côté du fil.

4 Façonne les trombones tel qu'illustré.

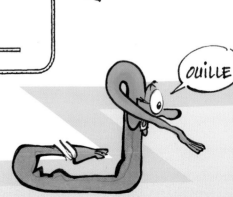

IL TE FAUT :

- une pile électrique de 1,5 V de type D
- 2 gros trombones métalliques
- 1 m de fil électrique à aimant avec une gaine protectrice (rouge ou verte de calibre no 26)*
- un aimant rectangulaire puissant (comme un aimant de céramique)*
- un élastique à bande large
- du papier sablé
- quatre perles à collier en plastique
- une règle

* vendu dans les magasins de fournitures électriques

5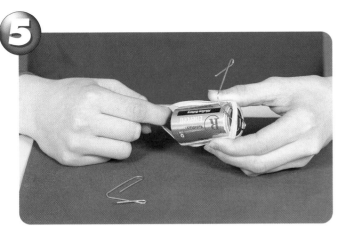

Enroule la bande élastique autour des bornes électriques et insère les trombones entre l'élastique et la partie métallique de la pile.

ÇA NE TOURNE PAS ROND ?

La bobine de fil doit être en équilibre et stable. Elle doit tourner facilement. Tu devras peut-être repositionner les trombones, l'aimant ou l'anneau. L'important, c'est la persévérance !

6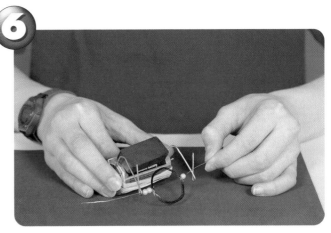

Introduis deux perles de collier de chaque côté de la bobine. Place les extrémités des fils à l'intérieur des petits trous des trombones. Dépose l'aimant sur la pile.

7

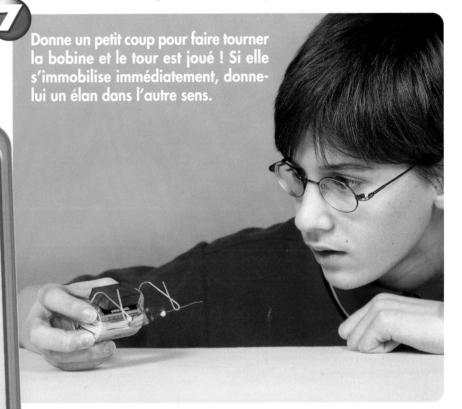

Donne un petit coup pour faire tourner la bobine et le tour est joué ! Si elle s'immobilise immédiatement, donne-lui un élan dans l'autre sens.

Que se passe-t-il ?

Le courant électrique qui circule dans le fil crée un champ magnétique dont l'axe est perpendiculaire à la bobine. Ce champ est d'autant plus fort que la bobine compte plusieurs tours.

La bobine se comporte donc comme un aimant, avec un pôle nord et un pôle sud. Comme l'aimant permanent sur la pile.

Quand la partie dénudée des fils est en contact avec les trombones, le courant passe. La bobine-aimant interagit alors avec le gros aimant permanent : les pôles identiques se repoussent et les pôles différents s'attirent, ce qui fait tourner la bobine.

Au bout d'un demi-tour, c'est la partie non dénudée des fils qui touche aux trombones. Le courant ne passe plus et la bobine ne produit plus de champ magnétique. À cause de son élan, la bobine continue à tourner jusqu'à ce que la partie dénudée des fils touche de nouveau aux trombones. Et le cycle recommence !

LE MOTEUR ÉLECTRIQUE

Un vrai moteur électrique fonctionne grâce à des forces magnétiques qui créent un mouvement de rotation, comme le moteur dans notre expérience. Cependant, il n'y a pas d'aimant permanent. Celui-ci est remplacé par un ou plusieurs électroaimants constitués de bobines de fil. Aussi, la disposition des bobines est plus complexe que dans notre petit moteur.

LE MOTEUR DE DAVENPORT

Le premier moteur électrique a été conçu par l'Américain Davenport, en 1835. Dès 1895, il existait des voitures électriques mais, comme il fallait recharger leurs batteries très souvent, elles ont été remplacées par des voitures à essence. Aujourd'hui, le moteur électrique est utilisé dans toutes sortes d'appareils : essuie-glaces, machines à laver, magnétophones, et même ouvre-boîtes et brosses à dents électriques !

Débrouillard : Laurent S.-Christin
Photos : Laurence Labat

Deux mystérieuses danses...

Ces deux expériences utilisent la même réaction chimique, l'une pour faire danser des raisins, l'autre des gouttelettes de vinaigre. Simple et spectaculaire !

La danse des raisins

IL TE FAUT :

- un vase transparent
- de l'eau
- du vinaigre blanc
- du bicarbonate de sodium (la « petite vache »)
- des raisins secs
- du colorant alimentaire (facultatif, mais c'est plus joli !)
- une cuillère à thé
- une assiette

1 Verse une quantité égale d'eau et de vinaigre dans le vase et dépose-le dans une assiette. Ajoutes-y quelques gouttes de colorant alimentaire.

2 Dépose quelques raisins secs dans le vase.

3 Ajoute une cuillerée à thé de bicarbonate de sodium. Que se passe-t-il ? Si un raisin reste à la surface, donne un petit coup et il replongera vers le fond. Ce phénomène se poursuivra tant que le liquide sera pétillant.

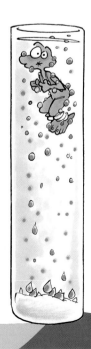

La danse des gouttelettes

1 Mets environ une cuillerée à table de bicarbonate de sodium dans le verre.

2 Remplis le verre d'huile végétale. Verse lentement, le long du verre, afin que le bicarbonate demeure au fond.

3 Verse environ 30 ml de vinaigre dans le petit contenant et ajoutes-y quelques gouttes de colorant alimentaire. Puis, verse lentement le vinaigre coloré dans le verre contenant l'huile et le bicarbonate.

4 Observe bien le verre. Tout d'abord, le vinaigre coloré forme des gouttelettes qui se déposent au fond du verre. Puis, elles remontent jusqu'à la surface... et redescendent ! Cette petite danse dure quelques minutes.

Que se passe-t-il ?

Le vinaigre est une solution acide (acide acétique) et le bicarbonate de sodium, une base. En les mélangeant, ils réagissent ensemble. Cette réaction chimique libère entre autres du gaz carbonique (CO_2). La production de CO_2 cesse lorsque tout l'acide a réagi.

Dans la première expérience, le CO_2 libéré remonte vers la surface et se fixe au pourtour des raisins secs sous la forme de petites bulles. Ces bulles agissent comme des flotteurs et entraînent avec elles les raisins. Lorsqu'un raisin atteint la surface, les bulles de CO_2 crèvent au contact de l'air. Le raisin retombe alors au fond. Puis, d'autres bulles viennent prendre la place... et ainsi de suite !

Dans la seconde expérience, le CO_2 forme de petites bulles accolées à des gouttelettes de vinaigre. Comme dans le cas des raisins, ces bulles allègent les gouttelettes de vinaigre qui remontent alors à la surface. Une fois à la surface, le gaz s'échappe et les gouttelettes coulent à nouveau. Pourquoi le vinaigre forme-t-il des gouttelettes ? Huile et vinaigre ne sont pas miscibles ; ils ne se dissolvent pas l'un dans l'autre. Aussi, comme le vinaigre est plus dense que l'huile, les gouttelettes tombent au fond.

LES GÂTEAUX ET LA SCIENCE

Pour faire des gâteaux et des muffins, on utilise de la poudre à pâte. Elle sert à faire lever la pâte. Comment ? En libérant du gaz carbonique (CO_2) qui forme de petites bulles. Ce sont les petits trous visibles dans la pâte cuite.

Le CO_2 résulte d'une réaction entre un acide et une base présents dans la poudre à pâte. La base est du bicarbonate de sodium. Le composé acide, lui, varie selon le type de poudre à pâte. Pourquoi ne réagissent-ils pas ensemble dans la boîte ?

La réaction entre un acide et une base a lieu seulement lorsque les produits sont en solution, c'est-à-dire dissous dans un liquide. C'est pourquoi, lorsqu'on prépare un gâteau, il faut mélanger tous les ingrédients secs avant d'ajouter les liquides.

Débrouillards : Rose-Frédérique Desfossés et Jean-Sébastien Bacher
Photos : Laurence Labat / Marcel La Haye

Le défi
de la banane

Expérience facile. Manipulation de teinture d'iode.

**Banane verte, banane mûre ou banane plantain ?
Voici une façon amusante de le découvrir.**

Coupe des tranches de chacune des bananes et dispose-les sur l'assiette.

Prépare une solution d'iode. Verse environ trois cuillerées à table d'eau dans le contenant de verre et ajoutes-y le contenu d'un compte-gouttes d'iode. Badigeonne chaque tranche de solution d'iode.

La teinture d'iode est toxique. N'en bois pas ! Une fois l'expérience terminée, jette tous les aliments qui sont entrés en contact avec l'iode. Lave-toi aussi les mains.

Chaque tranche de banane prend une coloration plus ou moins brune ou violacée.

IL TE FAUT :

- de la teinture d'iode
- de l'eau
- une cuillère à table
- un compte-gouttes
- un petit contenant de verre
- un couteau
- une planche à découper
- une banane très mûre
- une banane pas mûre (verte) et/ou une banane plantain
- une assiette
- un pinceau

banane verte

banane plantain

banane mûre

BONJOUR
BANANES ET
MESSIEURS

Écris un message secret

Comme le papier est fabriqué à partir de matière végétale, il contient aussi de l'amidon. Pour en révéler sa présence, écris un message secret. Voici comment :

- Trempe la pointe d'un cure-dents ou d'une petite tige de bois dans du jus de citron. Écris un message sur une feuille blanche.
- Laisse sécher le message.
- Prépare une solution d'iode : quelques gouttes d'iode dans un peu d'eau. Ne mets pas trop d'iode !
- Avec un pinceau ou un cure-oreille, badigeonne le papier de solution d'iode.

Le papier, qui renferme de l'amidon, prend une teinte violacée. Le message apparaît en blanc car le jus de citron ralentit la réaction entre l'iode et l'amidon.

Que se passe-t-il ?

La banane renferme de l'amidon. Or, en présence d'amidon, l'iode passe du brun au violet. Cette coloration est plus marquée sur la tranche de banane plantain, car elle renferme beaucoup d'amidon. Une banane verte (ou pas encore mûre) en renferme aussi, mais moins. Au cours de la maturation, la quantité d'amidon dans un fruit diminue. D'où la coloration violacée plus pâle sur la banane mûre.

PLUS MÛR, PLUS SUCRÉ

Lorsqu'un fruit mûrit, son amidon se transforme en glucose et en sucrose. Ce sont deux sucres que l'on détecte au goût. C'est pourquoi plus un fruit est mûr, plus il est sucré. L'amidon est aussi un sucre (un hydrate de carbone) mais nous ne le détectons pas au goût. C'est une source d'énergie pour les plantes.

Débrouillarde : Coralie Brochu
Photos : Laurence Labat

53

Et ça tourne !

Crée une tornade d'eau à la maison.
Une expérience étourdissante.

1 Remplis aux trois quarts une bouteille avec de l'eau. Ajoutes-y cinq gouttes de colorant alimentaire et quelques brillants.

2 Dépose le goulot de la bouteille vide sur le goulot de l'autre bouteille. Fixe solidement les deux goulots avec du ruban adhésif.

3 Retourne ton montage en tenant les goulots. Comment l'eau s'écoule-t-elle ?

4 Retourne à nouveau ton montage en tenant les goulots et la bouteille du haut puis donne un mouvement de rotation à la bouteille d'eau dès qu'elle est retournée. Qu'observes-tu ? L'eau s'écoule-t-elle plus vite ?

IL TE FAUT :

- 2 bouteilles en plastique de deux litres pour boissons gazeuses
- du ruban adhésif transparent (5 cm de large)
- de l'eau
- des brillants
- du colorant alimentaire de ton choix
- des ciseaux

Que se passe-t-il ?

Pour qu'une bouteille se vide, l'eau qui en sort doit être remplacée par de l'air. Lorsque tu renverses la bouteille, l'eau sort et entre en alternance, d'où les bulles d'air. En faisant tourner la bouteille, tu mets l'eau en rotation et il se forme un creux au centre de la bouteille. Ce creux permet à l'air de s'élever dans la bouteille du haut en même temps que l'eau en sort.

Ça ne tourne pas rond ?

La rotation transmise à la bouteille au départ n'est pas assez rapide : essaie de nouveau !

Brillante idée !

Les brillants servent à mieux voir le mouvement de rotation. Il ressemble un peu à celui de l'air lors d'une tornade.

Débrouillarde : Maïka Gervais
Photos : Laurence Labat

Des pigments de toutes les couleurs

Voici une expérience de chimie pour l'artiste en toi. À tes crayons !

1

Découpe un cercle de 11 cm de diamètre dans le filtre à café. Perce un trou au centre à l'aide du crayon à mine.

2

À l'aide de crayons-feutres de différentes couleurs, dessine un cercle pointillé à 7 mm du trou. Fais une dizaine de points.

3

Découpe un rectangle de 4 cm de long sur 2 cm de large dans le morceau de filtre restant. Roule ce rectangle pour en faire un cylindre et insère-le dans le trou de la rondelle.

IL TE FAUT :

- Un filtre à café blanc
- Un verre transparent
- Un crayon à mine bien aiguisé
- Des crayons-feutres de différentes couleurs (l'encre doit être soluble dans l'eau)
- Un essuie-tout

4

Remplis d'eau le verre, jusqu'à 1 cm du bord. Assèche le bord du verre à l'aide d'un essuie-tout. Place la rondelle sur le rebord du verre. Le cylindre doit tremper dans l'eau.

Que se passe-t-il ?

L'eau monte dans le cylindre jusqu'au cercle de papier puis migre vers l'extérieur de celui-ci. Cette diffusion, dite par capillarité, est possible grâce aux fibres du papier, qui laissent passer l'eau. L'expérience ne fonctionnerait pas avec du papier glacé, par exemple.

Lorsque l'eau atteint l'encre, elle la décompose, car elle est soluble dans l'eau. Pourquoi obtient-on un dégradé de couleurs ? Pour deux raisons. D'abord, les encres sont composées d'un ensemble de pigments de couleurs différentes appelées couleurs primaires. Il s'agit du cyan, du jaune et du magenta. Toutes les autres couleurs sont obtenues par mélange de ces trois couleurs. Ensuite, chaque pigment a une masse différente. Conséquence : les pigments plus légers migrent plus rapidement et se séparent plus facilement que les pigments plus lourds.

5

Patiente cinq à dix minutes. Que se passe-t-il ? Des motifs colorés et dégradés apparaissent sur le filtre. Retire-le et laisse-le sécher. Joli, non ?

Débrouillard : Khalil-Eddine Tébini
Photos : Laurence Labat

L'interrupteur démasqué

2 GROS TROMBONES

Comment fonctionne un interrupteur ?
Découvre-le... sans interruption !

1 Plie une branche de chaque trombone pour former une boucle. La boucle doit être assez grande pour y passer la tige d'une punaise, mais pas sa tête.

Demande à un adulte de retirer 2 cm d'isolant à chaque extrémité des cinq fils.

2 Enroule chaque extrémité de deux fils autour de la tige d'une punaise. Fixe ensuite les 4 punaises sur les planchettes.

Que se passe-t-il ?

Pour que l'ampoule s'allume, le courant doit circuler sans interruption dans les fils électriques. Cela se produit lorsque les trombones touchent les punaises d'un même fil.

Dans cette expérience, chaque trombone joue le rôle d'un interrupteur. Ce montage te montre comment deux interrupteurs peuvent contrôler une même ampoule. On retrouve souvent ce type d'interrupteur à chaque extrémité d'un couloir ou d'un escalier.

IL TE FAUT :

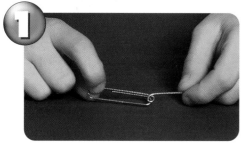

- deux gros trombones
- une ampoule électrique de 6 volts*
- un socle pour ampoule*
- deux plaquettes de bois d'environ 6 cm x 8 cm
- six punaises de métal
- cinq fils électriques de 20 cm
- une pile de 6 volts
- un tournevis

* vendu dans les magasins de fournitures électriques

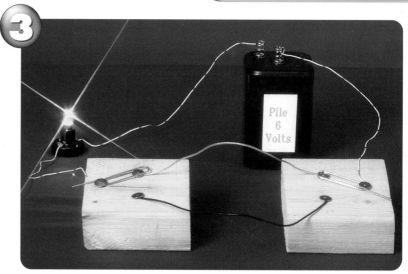

3 Réalise le montage tel qu'indiqué sur la photo. Utilise le tournevis pour fixer les fils au socle de l'ampoule.

Bouge les trombones de façon à ce qu'ils touchent les punaises d'un même fil. L'ampoule s'allume aussitôt.

UN INTERRUPTEUR

L'interrupteur d'une lampe est muni d'un dispositif qui permet d'interrompre le passage du courant. Il s'agit de deux plaquettes métalliques qui ne se touchent pas lorsque l'ampoule est éteinte. Dès qu'on soulève le bouton de l'interrupteur, elles entrent en contact l'une avec l'autre et l'ampoule s'allume.

Débrouillard : Thierry Boisvenue
Photos : Marcel La Haye

Expériences éclair !

Voici sept expériences rapides à réaliser.

LE BOUCHON ACROBATE

IL TE FAUT :

- Un bouchon de liège
- Deux fourchettes
- Un bout de ficelle (environ 30 cm)
- Une baguette à brochette (ou un petit crayon)

ALLÔ, LE CIRQUE DU SOLEIL ?

Voici comment transformer un simple petit bouchon de liège en acrobate.

Coupe ou casse la baguette à brochette à environ 4 cm d'une extrémité. Pique ensuite ce petit morceau de baguette sur une extrémité du bouchon de liège, au centre. Dépose le bout du morceau de baguette sur un doigt et essaie de faire tenir le bouchon en équilibre... C'est très difficile !

Maintenant, enfonce les dents de deux fourchettes dans le bouchon, comme sur le dessin. Au besoin, demande l'aide d'un adulte. Cette fois, le bouchon tient en équilibre. C'est même difficile de le faire tomber. Pourquoi ? Parce que son centre de gravité est plus bas que celui du montage sans fourchettes.

LE CLOU DU SPECTACLE

Demande à un assistant de tenir une ficelle bien tendue. Puis, déposes-y doucement ton montage. Si ça ne fonctionne pas, recommence en inclinant les fourchettes un peu plus vers le bas.

GONFLÉ PAR LA POUDRE À PÂTE

IL TE FAUT :

- De la poudre à pâte
- Un entonnoir
- Une petite bouteille
- De l'eau
- Une cuillère
- Un ballon gonflable

En te servant de l'entonnoir, mets deux cuillerées à thé de poudre à pâte dans la petite bouteille et ajoute un peu d'eau froide. Rapidement, recouvre le goulot de la bouteille avec le ballon. Le ballon gonfle-t-il un peu ? Si non, réchauffe le contenu de la bouteille en la mettant dans un peu d'eau chaude (ou fais couler de l'eau chaude sur la bouteille).

Que se passe-t-il ? La poudre à pâte contient un acide et une base sous forme de fins granules. En présence d'eau, cet acide et cette base réagissent ensemble pour donner, entre autres, du gaz carbonique. Ce gaz pénètre dans le ballon et le gonfle !

Tu veux en découvrir plus sur les acides et les bases ? Va aux pages 50 et 51, il y a deux expériences très amusantes sur ce sujet.

UN VERRE À L'ENVERS

IL TE FAUT :

• Un verre transparent

• De l'eau

• Un carré de carton assez grand pour couvrir l'ouverture du verre

ATTENTION ! Cette expérience ne fonctionne pas toujours du premier coup. Pour éviter les dégâts d'eau, fais-la au-dessus d'un évier.

Remplis le verre aux trois quarts d'eau. Dépose le carton sur le dessus du verre. Tout en maintenant fermement le carton, retourne le verre rapidement. Puis, enlève ta main… Surprise ! Le carton reste collé au verre et l'eau ne tombe pas.

Deux phénomènes expliquent pourquoi l'eau et le carton ne tombent pas :

1. La pression exercée sur le carton : elle est plus forte à l'extérieur que dans le verre.

2. L'attraction entre les molécules de l'eau, du verre et du carton : elle crée une sorte de lien entre l'eau et le carton.

Après un certain temps, le carton s'imbibe d'eau et… PLOUF ! il tombe.

C'EST DANS LE VERRE !

IL TE FAUT :

• Un verre transparent

• Une pièce de 1 $

• Un carré de carton assez grand pour couvrir l'ouverture du verre

Comment faire tomber une pièce de 1 $ dans un verre sans y toucher ? C'est simple ! Il suffit d'un peu… de doigté !

Dépose le carré de carton sur le verre et place au centre de celui-ci une pièce de 1 $. Ensuite, fais une chiquenaude sur le carton (donne un coup sec sur le carton avec ton index). Le carton glisse et la pièce de monnaie se retrouve dans le verre.

Que se passe-t-il ? Le carton se met en mouvement. La pièce de monnaie, à cause de sa masse, ne suit pas ce mouvement. Comme le carton est lisse, celui-ci glisse sous la pièce, qui tombe dans le verre.

Les prestidigitateurs connaissent bien ce principe physique. Ils l'utilisent pour enlever la nappe d'une table tout en laissant en place des objets lourds déposés dessus.

L'EAU, C'EST ATTIRANT !

Gonfle le ballon pour qu'il ait environ la taille d'une balle de tennis. Fais un nœud et attaches-y une extrémité de la ficelle. En tenant l'autre bout de la ficelle, fais pendre le ballon et approche-le lentement du jet d'eau... Que se passe-t-il ? Dès que le ballon touche l'eau, il est attiré dans le jet. Une fois le ballon dans le jet, tire légèrement sur la corde ou incline-la. Tu constateras qu'une force attire le ballon dans le jet.

ÇA REBONDIT !

ATTENTION ! **Cette expérience doit être faite à l'extérieur.**

Voici une expérience pleine... de rebondissements !

Laisse d'abord tomber la balle au sol et note la hauteur à laquelle elle rebondit. Puis, prends un ballon et place la balle sur celui-ci. Tiens ensemble la balle et le ballon au bout de tes bras. Laisse-les tomber en même temps. Cette fois, la balle rebondit très haut ! En effet, le ballon qui rebondit sur le sol repart vers le haut et donne une forte impulsion à la balle.

L'AVION DE PAILLE

Pas facile de faire un avion de papier qui plane bien ! Voici un modèle, fait avec une paille à boire, dont le succès est garanti.

Coupe deux bandes de 1,5 cm x 9 cm et de 2 cm x 12 cm dans le papier de construction. Forme deux anneaux avec les bandes et fixe-les sur la paille à boire avec le ruban adhésif, comme sur le dessin. Insère un trombone à une extrémité de la paille, du côté de l'anneau le plus petit. Voilà ! Ton avion est prêt à voler !

Amuse-toi à faire des tests sur ton avion. Par exemple, lance-le en inversant la paille ; change la position des anneaux sur la paille ou modifie leurs dimensions, etc. Bref, expérimente !

RAPPORT D'EXPÉRIENCE

Nom du Débrouillard ou de la Débrouillarde : *ÉMILE DIAMANT*

Assistant ou assistante : *SARAH PERREAULT*

Lieu et date de réalisation : *MONTRÉAL, LE 20 JUIN 2003*

Titre de l'expérience : *SOLIDE ? LIQUIDE ? NON, BLOB !*

Commentaires sur le déroulement de l'expérience : *AU DÉBUT, C'ÉTAIT TROP LIQUIDE. ON FRAPPAIT SUR LE DESSUS ET NOTRE POING ENFONÇAIT DANS LE MÉLANGE. EN AJOUTANT UN PEU DE FÉCULE DE MAÏS, ON A OBTENU LA BONNE CONSISTANCE. ON A DÉPOSÉ UNE GROSSE BILLE DE VERRE SUR LE MÉLANGE ET ELLE S'EST ENFONCÉE DOUCEMENT.*

Autres sources d'information sur le sujet (sites Internet, livres, etc.) : *SUR INTERNET : SCHLUMBERGER SEED, EN FRANÇAIS (SECTION LABO) WWW.SLB.COM/SEED/FR/INDEX.HTM*

Émile Diamant

(signature du Débrouillard ou de la Débrouillarde)

Commentaires de l'assistant(e) ou des spectateurs : *C'EST SURPRENANT... MAIS SALISSANT ! JE NE SAVAIS PAS QU'UN LIQUIDE POUVAIT SE COMPORTER AINSI. BRAVO ÉMILE !*

RAPPORT D'EXPÉRIENCE

Nom du Débrouillard ou de la Débrouillarde :

Assistant ou assistante :

Lieu et date de réalisation :

Titre de l'expérience :

Commentaires sur le déroulement de l'expérience :

Autres sources d'information sur le sujet (sites Internet, livres, etc.) :

(signature du Débrouillard ou de la Débrouillarde)

Commentaires de l'assistant(e) ou des spectateurs :

RAPPORT D'EXPÉRIENCE

Nom du Débrouillard ou de la Débrouillarde :

Assistant ou assistante :

Lieu et date de réalisation :

Titre de l'expérience :

Commentaires sur le déroulement de l'expérience :

Autres sources d'information sur le sujet (sites Internet, livres, etc.) :

(signature du Débrouillard ou de la Débrouillarde)

Commentaires de l'assistant(e) ou des spectateurs :

RAPPORT D'EXPÉRIENCE

Nom du Débrouillard ou de la Débrouillarde :

Assistant ou assistante :

Lieu et date de réalisation :

Titre de l'expérience :

Commentaires sur le déroulement de l'expérience :

Autres sources d'information sur le sujet (sites Internet, livres, etc.) :

(signature du Débrouillard ou de la Débrouillarde)

Commentaires de l'assistant(e) ou des spectateurs :

RAPPORT D'EXPÉRIENCE

Nom du Débrouillard ou de la Débrouillarde :

Assistant ou assistante :

Lieu et date de réalisation :

Titre de l'expérience :

Commentaires sur le déroulement de l'expérience :

Autres sources d'information sur le sujet (sites Internet, livres, etc.) :

(signature du Débrouillard ou de la Débrouillarde)

Commentaires de l'assistant(e) ou des spectateurs :

RAPPORT D'EXPÉRIENCE

Nom du Débrouillard ou de la Débrouillarde :

Assistant ou assistante :

Lieu et date de réalisation :

Titre de l'expérience :

Commentaires sur le déroulement de l'expérience :

Autres sources d'information sur le sujet (sites Internet, livres, etc.) :

(signature du Débrouillard ou de la Débrouillarde)

Commentaires de l'assistant(e) ou des spectateurs :

RAPPORT D'EXPÉRIENCE

Nom du Débrouillard ou de la Débrouillarde :

Assistant ou assistante :

Lieu et date de réalisation :

Titre de l'expérience :

Commentaires sur le déroulement de l'expérience :

Autres sources d'information sur le sujet (sites Internet, livres, etc.) :

(signature du Débrouillard ou de la Débrouillarde)

Commentaires de l'assistant(e) ou des spectateurs :

RAPPORT D'EXPÉRIENCE

Nom du Débrouillard ou de la Débrouillarde :

Assistant ou assistante :

Lieu et date de réalisation :

Titre de l'expérience :

Commentaires sur le déroulement de l'expérience :

Autres sources d'information sur le sujet (sites Internet, livres, etc.) :

(signature du Débrouillard ou de la Débrouillarde)

Commentaires de l'assistant(e) ou des spectateurs :

RAPPORT D'EXPÉRIENCE

Nom du Débrouillard ou de la Débrouillarde :

Assistant ou assistante :

Lieu et date de réalisation :

Titre de l'expérience :

Commentaires sur le déroulement de l'expérience :

Autres sources d'information sur le sujet (sites Internet, livres, etc.) :

(signature du Débrouillard ou de la Débrouillarde)

Commentaires de l'assistant(e) ou des spectateurs :

RAPPORT D'EXPÉRIENCE

Nom du Débrouillard ou de la Débrouillarde :

Assistant ou assistante :

Lieu et date de réalisation :

Titre de l'expérience :

Commentaires sur le déroulement de l'expérience :

Autres sources d'information sur le sujet (sites Internet, livres, etc.) :

(signature du Débrouillard ou de la Débrouillarde)

Commentaires de l'assistant(e) ou des spectateurs :